초등 교사 엄마가 알려주는 초등학교 완벽 적응 방법

엄마표 교과 놀이

저자 이영미

YoungJin.com Y.
영진닷컴

엄마표 교과 놀이

Copyright ⓒ2018 by Youngjin.com Inc.
1016, 10F. Worldmerdian Venture Center 2nd, 123, Gasan-digital 2-ro, Geumcheon-gu,
Seoul 08505, Korea.
All rights reserved. First published by Youngjin.com. in 2018. Printed in Korea
저작권법에 의해 한국 내에서 보호를 받는 저작물이므로 무단 전재와 복제를 금합니다.

ISBN 978-89-314-5794-0

독자님의 의견을 받습니다
이 책을 구입한 독자님은 영진닷컴의 가장 중요한 비평가이자 조언가입니다. 저희 책의 장점과 문제점이 무엇인지, 어떤 책이 출판되기를 바라는지, 책을 더욱 알차게 꾸밀 수 있는 아이디어가 있으면 이메일, 또는 우편으로 연락주시기 바랍니다. 의견을 주실 때에는 책 제목 및 독자님의 성함과 연락처(전화번호나 이메일)를 꼭 남겨 주시기 바랍니다. 독자님의 의견에 대해 바로 답변을 드리고, 또 독자님의 의견을 다음 책에 충분히 반영하도록 늘 노력하겠습니다.

이메일 : support@youngjin.com
주   소 : 서울 금천구 가산디지털2로 123 월드메르디앙벤처센터 2차 10층 1016호 (우)08505
등   록 : 2007. 4. 27. 제16-4189호

STAFF
저자 이영미 | **기획** 심통 | **총괄** 김태경 | **진행** 정은진 | **디자인** 임정원 | **편집** 임정원, 진정희
제작 황장협 | **마케팅** 이승희, 김다혜, 김근주, 조민영 | **인쇄** 서정인쇄

초등 교사 엄마가 알려주는 초등학교 완벽 적응 방법

엄마표 교과 놀이

저자 이영미

이 책의 차례

Intro
이 책의 차례	004
놀이를 시작하기 전에	008
놀이 재료와 용도	010
종이의 사양	011
채색 재료와 용구	012
그리기 재료와 용구	014
만들기 및 꾸미기 재료와 용구	015
아이 작품 전시·보관하는 방법	017
엄마표 놀이에 도움을 주는 아이템	020
가정에서 할 수 있는 재밌는 한글 놀이	022

Part 1
말과 함께 생각도 늘어요 : 언어 발달 놀이

책이랑 친해지는 책 놀이	028
스카프 이야기꾼 놀이	031
쉿 집중! 가라사대 놀이	033
한글 아이스크림 가게 놀이	036
달력을 이용한 모음 놀이	039
자음과 모음으로 얼굴 꾸미기	042
받침 있는 글자에 짝짝	045
릴레이 쪽지 보물찾기 놀이	048
시장에 가면 사과도 있고	050
점토로 쓰는 내 이름	052

누가 언제 어디서 무엇을? ... 056
도전! 골든벨을 울려라 ... 059
나만의 미니북 만들기 ... 061
마음을 나타내는 감정사전 ... 066

Part 2 호기심과 함께 수 개념도 늘어요 : 수학 / 과학 발달 놀이

얼음 장난감 탈출 놀이 ... 072
종이컵에 가득가득 ... 075
반짝반짝 빛으로 놀아 보자 ... 078
주사위 땅따먹기 ... 080
쫀득쫀득 녹말 촉감 놀이 ... 083
흔들흔들 오뚝이 만들기 ... 086
수 카드 뒤집기 ... 089
나는 패턴 디자이너 ... 091
알록달록 장미 물들이기 ... 094
달걀판 채우기 ... 098
따르릉 실 전화기 만들기 ... 101
점토로 조물조물 모양 놀이 ... 104
누구 면봉이 더 많을까 ... 107
째깍째깍 시계 놀이 ... 111
두근두근 숫자 탁구공 뽑기 ... 114

Part 3 즐거움과 함께 오감이 발달해요 : 미술 놀이

내 손바닥을 꾹꾹 ········· 120
알록달록 습자지 물들이기 ········· 123
나비로 변신한 물티슈 ········· 126
상큼한 과일 카나페 만들기 ········· 128
무지개 휴지심 애벌레 만들기 ········· 131
신문지로 꾸미는 새 둥지 ········· 134
물풀 도트 물감으로 톡톡톡 ········· 137
미니 딸기 케이크 만들기 ········· 140
빠끔빠끔 종이접시 물고기 ········· 142
무지개 비가 주룩주룩 ········· 145
시원 달콤 수박화채 만들기 ········· 148
트레싱지에 따라 그려요 ········· 151
돌돌 말아 만드는 고깔 인형 ········· 154
면봉으로 점을 콕콕 ········· 157
스크래치페이퍼로 꾸미기 ········· 161
과일 얼음과자 만들기 ········· 164
커피향이 솔솔 커피 그림 ········· 167
뚝딱 할로윈 호박 모빌 ········· 170
캔버스에 활짝 핀 눈꽃 ········· 173
쓱쓱 싹싹 모양별 오리기 ········· 177
종이배로 꾸미는 바다 풍경 ········· 180
휴지심 미니먼즈 만들기 ········· 183
고소한 리코타 치즈 만들기 ········· 186

팔랑팔랑 색종이 나비 모빌 · 189
우리 집 창문에 눈이 내려요 · 192
양초로 꾸미는 밤하늘 풍경 · 196
크리스마스 리스 만들기 · 199
눈사람 가랜드 만들기 · 202

Part 4 함께 뛰면서 자라요 : 협동 / 신체 발달 놀이

아슬아슬 꼬리잡기 놀이 · 208
차곡차곡 종이컵 쌓기 놀이 · 211
팡팡 풍선 배드민턴 · 214
휘청휘청 손바닥 씨름 놀이 · 217
실내화를 슛! 골인! · 220
통통통 탁구공 놀이 · 223
둘이서 함께 짝 스트레칭 · 226
집에서 폴짝폴짝 사방치기 · 228
연지곤지 가위바위보 · 231
살금살금 안대 술래잡기 · 234

부록

아기 성장 놀이 · 236

놀이를 시작하기 전에

우리 집에서는 이렇게 놀이 했어요

아이에게 책을 열심히 읽어 주다 보니 어느 순간 글자를 어떻게 읽는지 궁금해 하기 시작합니다. 일상생활에서 일어나는 일들에 대해 소소히 이야기 나누다 보니 "왜?"라는 질문도 많아지기 시작했습니다. 공원에서 신나게 뛰어 놀고 집에 오면 오늘 하루를 그림으로 그려 보고 싶다고 합니다. 몸도 마음도 쑥쑥 자라나는 아이에게 무언가 도움을 주고는 싶은데 그 방법이 막막했습니다.

학교 현장에서 놀이와 수업을 접목하는 베테랑 선생님들의 연수도 열심히 듣고 유아교육 서적도 읽어 보며 자료를 모아 아이와 하나씩 직접 해 보았습니다. 물론 힘든 순간도, 후회스러운 순간도 있었습니다. 하지만 평생 기억하고 싶을 만큼 즐거운 육아의 순간들도 가득합니다. 아마 아이와 함께했던 그 행복한 기억들 때문에 엄마들이 하루하루 힘을 낼 수 있는 것이 아닐까요? 이 책에서 아이와 상호작용하는 대상을 '엄마'라고 칭한 것은 필자가 직접 두 아이를 키우며 놀이한 경험을 풀어서 쓴 경험담이고 주양육자였기 때문입니다. 엄마뿐 아니라 아빠, 할머니, 교사 등 다양한 독자 분들을 대표하는 단어로 이해해 주세요. 하루하루 육아에 에너지를 쏟고 있는 모든 분들께 이 책이 작게나마 도움이 되었으면 좋겠습니다. 아이와 놀이를 하면서 마음에 새겨 두었던 소소한 원칙들에 대해 소개해 보고자 합니다.

● **아이와의 관계 먼저 다지기**

퇴근하고 집에 돌아오거나 집안일을 마치고 나서 아이와 마주 앉으면 제일 먼저 아이가 원하는 놀이를 실컷 하려고 노력했습니다. 아이가 좋아하는 놀이는 크게 대단한 것도 아니었습니다. 노래 부르기나 병원놀이와 같은 보통 아이들이 좋아하는 놀이였습니다. 지난 육아 시간들을 돌이켜 보면 아이는 엄마랑 노는 것을 즐거워했고 관계가 좋았다는 생각이 듭니다. 아이가 좋아하는 놀이로 관계를 돈독히 하고 학습과 관련된 놀이는 5분에서 10분 정도로 짧게 끝냈습니다. 아이의 표정에서 '엄마랑 하는 것은 무엇이든 즐겁구나'라는 느낌을 받으면 그것만으로도 한결 가까워진 느낌이었습니다.

● **짧은 시간이라도 매일 꾸준히**

이벤트성으로 일주일에 한번 대단한 놀이를 해 주는 것보다 간단한 놀이로 매일 꾸준히 해 주려고 했습니다. 육아 휴직을 끝내고 복직했을 때 아이와 함께 시간을 보내지 못했다는 미안함에 한때 장난감을 많이 사 주었던 기억이 납니다. 하지만 새 장난감에 대한 애정은 그리 오래 가지 않았어요. 그보다 스마트폰이나 집안일을 손에서 내려놓고 아이에게 집중했던 그 짧은 시간들을 더 행복하게 기억하는 것 같습니다.

● 놀이 중 문제가 생겼다면 좋은 기회로 여기기

아이들과 놀이를 하다 보면 생각지 못한 여러 가지 문제에 맞닥뜨립니다. 아이들이 자라면서 여러 가지 갈등을 겪는 것은 너무나 자연스러운 일이 아닐까요. 예컨대 지나친 승부욕 때문에 문제가 생기기도 합니다. "피, 지니까 재미없어. 안 할래" 이 정도 말은 양반입니다. 울고불고 소리치며 지는 것을 너무 힘들어하는 아이들도 있어요. 지나치게 힘들어 한다면 승패가 있는 놀이는 마음의 그릇이 조금 더 커질 때까지 조금 미루는 것이 좋다고 생각합니다. 가벼운 승부내기 놀이를 한다면 놀이를 시작하기 전에 미리 아이와 이야기 나눕니다.

"지든 이기든 즐겁게 놀이하자. 대신 최선을 다하는 거야. 엄마는 누가 이겼는지보다는 얼마나 즐거웠는지가 궁금해."

놀이가 끝나면 이겼다고 해서 진 사람을 놀리거나 창피를 주지 않습니다. 또한 인디언밥이나 꿀밤 같이 남을 때리는 형태의 벌칙은 더욱 이기려는 마음을 가지게 하므로 피하는 것이 좋습니다. 놀이가 끝나면 어떤 점이 재미있었는지, 놀이 방법을 어떻게 바꾸면 더 재미있게 놀 수 있을지 이야기 나누어 봅니다. 때로는 형제자매 또는 친구 간에 소유욕에 의해 싸움이 벌어지곤 합니다. 예컨대 어른들 눈에는 사소해 보이는 풍선 색깔을 두고 다투기도 합니다. 이럴 땐 똑같은 것을 하나씩 준비하는 것이 가장 좋은 예방법입니다. 상황이 여의치 못하면 모래시계가 다 내려갈 때까지 혹은 타이머가 5분 뒤에 울릴 때까지 한 사람이 먼저 사용하고 그다음 사람이 사용하기로 미리 약속을 합니다. 아이들의 마음이 상하기 전에 놀이 시작 전에 미리 이야기하는 것이 좋습니다. "오늘 엄마가 풍선을 준비했는데, 서로 색깔이 달라. 만약 두 사람 모두 한 가지 색깔을 원하면 한 사람은 모래시계가 내려갈 때까지 기다리는 거야. 약속할 수 있니?"라고 이야기합니다. 아이들은 양보를 하면 더욱 재밌게 놀 수 있다는 것을 스스로 깨닫고 서로 양보하기도 합니다.

아이들이 처음부터 차분하게 규칙을 지키고 서로 양보하며 아름답게 놀이하는 것은 쉽지 않습니다. 자기 차례를 기다리는 것이 어렵고 그것을 알고서도 자꾸 잊고 충동적으로 행동하기도 합니다. 스스로 자신을 조절하는 방법을 배우고 연습하는 과정으로 여기며 꾸준히 격려해 주세요.

● 말 한마디로 아이들의 마음을 사로잡기

달님에게 인사말을 건네고 나무를 안아주는 천진난만한 모습을 보면 아이들은 이 세상 모든 자연과 사물들이 살아있다고 상상하는 것만 같습니다. 아이들은 갑티슈 상자에 유성사인펜으로 쓱쓱 눈코입만 그려 주어도 진짜 사람처럼 상상하며 놀이합니다. 미술 놀이 후 정리할 때에도 "우리 붓을 머리 감겨 주자. 물감이 머리에 붙어 있으니 너무 찝찝한가봐. 씻겨 달라고 하네?"라고 하면 아이들은 서로 붓을 씻겠다며 달려갑니다. 아이들은 가상의 상황 속에서 놀이하는 것도 좋아합니다.

"여기가 바다라고 상상해 볼까? 엄마는 바다를 헤엄치는 상어야. 윤슬이는 어떤 것이 되고 싶니?"

아이들과 가상의 상황을 함께 만들고 역할을 나누면 대화가 풍성해지고 완전히 몰입하여 놀이하는 모습을 볼 수 있습니다.

놀이 재료와 용도

사람들이 미술을 '재료의 예술'이라고 부르는 데에는 이유가 있습니다. 같은 그림이라도 어떤 재료를 사용하느냐에 따라 느낌이 달라지기 때문이지요. 미술 전문가가 아닌 집에서 아이와 즐겁게 놀고 싶은 평범한 엄마이던 필자는 재료의 특성을 파악하느라 시행착오를 겪어야 했습니다.

저렴하다고 인터넷으로 도화지를 잔뜩 구매했는데 아이가 물을 잔뜩 묻혀 물감칠을 할 때마다 왜 종이가 찢어지는지 알 수가 없었습니다. 종이의 두께를 표시하는 단위가 있다는 것을 알고 직접 만져 보고 비교해 보니 어떤 종이를 선택해야 하는지 감이 왔습니다.

물감을 살 때에도 종류도 어찌나 많던지 고르기가 힘들었습니다. 아이가 미술 놀이를 정말 좋아하는데 재료 구매 때문에 어떻게 시작해야 할지 막막한 경우가 많습니다. 다음에 소개한 재료와 용구들의 특징을 미리 파악하고 구매한다면 훨씬 수월할 것입니다.

다 써보지도 못할 재료들을 욕심 내어 한꺼번에 구입할 필요는 없다고 생각합니다. 가장 기본적인 재료와 용구부터 갖추고 다양한 기법들을 탐색해 보다가 아이가 흥미를 느끼는 쪽으로 조금씩 늘려 보면 도움이 될 것입니다. 책에 소개된 재료가 가정에 없다면 최대한 비슷한 재료를 찾아보며 놀이처럼 접근해 보는 것도 좋습니다.

의외로 아이들은 다양한 생각을 쏟아 내고 그 과정 자체를 즐거워합니다. 예컨대 털이 달린 철사인 모루 대신에 빵끈을 활용할 수 있고 스팡클 대신에 평소 모아 둔 색깔 단추를 이용해 꾸며 보는 것도 한 방법입니다. 아이들은 돈 주고 산 재료보다 생활 속 재활용품에 관심을 더 많이 갖기도 합니다. 평소에 요거트 병, 시리얼 상자 등과 같은 재활용품을 깨끗이 씻어 큰 상자에 모아 둡니다. 가끔씩 재활용품을 모은 상자를 꺼내 자유 만들기를 하면 아이들만의 개성 넘치는 만들기 작품이 나옵니다.

처음 접하는 재료는 엄마가 재료와 용구의 사용법을 차근차근 시범을 보이고 설명해 줍니다. 유아가 어리다면 엄마가 가르쳐 주는 방식보다 자기 방식대로 재료를 탐색하는 데 더 관심을 두기도 합니다. 엄마는 물감으로 찍기 놀이를 준비했는데, 온 손에 비비고 노는 데 여념이 없다면 마음을 비우고 재료 탐색을 마음껏 하도록 도와주세요. 아이가 자라면서 재료와 용구 사용에 차차 익숙해지면 스스로 꺼내서 놀이하고 정리하기도 합니다.

종이의 사양

◆ 종이의 두께 ◆

단위 중량은 g/m²을 기준으로 표시하는데 g/m²이 클수록 두꺼운 종이입니다. 흔히 보는 색종이는 60g, 명함은 200g 이상의 종이를 사용합니다.

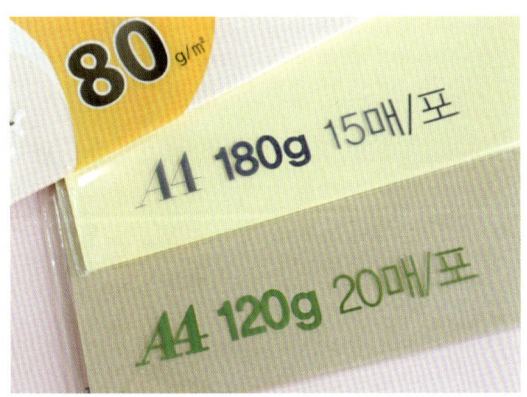

◆ 종이의 크기 ◆

시중에서 판매하는 종이 중 가장 큰 것은 전지입니다. 전지를 반으로 자르면 2절, 2절을 반으로 자르면 4절이 됩니다.

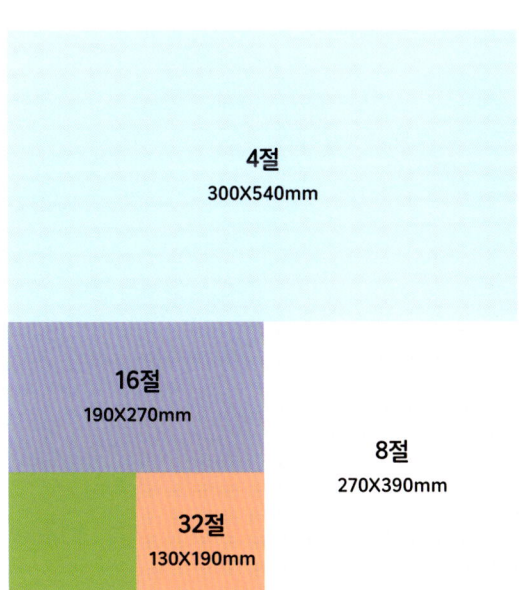

◆ 종이의 종류 ◆

1. 도화지

그림을 그리는 데 쓰이는 종이입니다. 대개의 경우 켄트지를 도화지로 많이 사용합니다. 켄트지는 색연필, 물감 등 다양한 도구를 가장 잘 표현하는 종이입니다. 도화지를 스프링으로 한데 묶은 스케치북은 보관이 편리합니다. 액자에 넣거나 전시를 하고 싶다면 낱장으로 된 것을 사용하면 편리합니다. 만졌을 때 부드러운 면을 앞면, 거친 쪽을 뒷면이라고 부릅니다. 앞면에 채색을 해야 물감이 잘 스며들고 종이 결이 일어나지 않습니다.

온라인에서 '도화지'나 '켄트지'로 검색하면 저렴하게 대량으로 구매할 수 있습니다. 8절이나 16절 등을 가정에 구비해 두면 아이와 무난하게 그리기 활동하기에 좋습니다. 두께가 너무 얇으면 물감 채색 시 잘 찢어지거나 유성사인펜이 비치고, 너무 두꺼우면 아이가 접기에 어려우므로 용도에 따라 적절한 두께를 선택합니다.

2. 색종이

주로 종이접기나 꾸미기, 만들기 등에 사용합니다. 양면(단면)색종이, 무늬색종이, 스티커 색종이, 홀로그램 색종이, 한지 색종이, 학 종이, 큰 색종이, 둥근 색종이 등 종류가 매우 다양합니다.

3. 색지

색종이보다 구김이 덜 가고 색깔도 다양하여 만들기 때 많이 사용합니다. 특히 A4 사이즈의 색지는 가정에서 보관하기 쉬워 카드, 책, 엽서, 가랜더 등 만들기를 할 때 두루 사용할 수 있습니다.

4. 습자지

매우 얇고 속이 비치는 종이입니다. 꽃볼과 같은 인테리어 소품 만들기, 카네이션 만들기 등에 많이 쓰입니다. 물에 닿으면 색이 빠지는 습성을 이용해 미술 놀이에 활용할 수 있습니다.

채색 재료와 용구

5. 물감

어린이용 수성 물감 : 무독성에 세척이 쉽도록 만들어진 어린이용 물감입니다. 핑거페인팅을 할 때나 채색할 때 많이 사용합니다.

수채화 물감 : 물감을 물에 개어서 사용하는 채색 재료입니다. 농도를 짙게 칠하고 싶을 때나 찍기 놀이 등을 할 때에는 물감을 필요한 만큼 짜서 쓰는 것이 좋습니다.

물감을 팔레트에 미리 짜서 말려 두면 일일이 물감을 짜야 하는 번거로움을 줄일 수 있습니다. 팔레트에 물감을 짤 때에는 물감상자에 꽂혀 있는 물감의 순서대로 가까운 색깔끼리 이웃이 되도록 짭니다. 칸에 지그재그로 꽉 채운다는 느낌으로 짜 줍니다. 2~3일 이상 충분히 건조시킨 후 사용합니다.

물감을 직접 짜고 말리는 것이 번거롭다면 고체물감을 이용하는 것도 한 방법입니다. 고체형은 낱개로 판매하거나 팔레트에 고체 물감이 세팅된 일체형으로도 판매합니다.

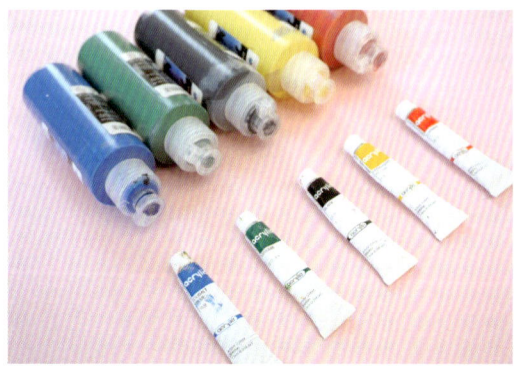

아크릴 물감 : 발색력이 뛰어나고 접착력이 강합니다. 비닐, 플라스틱, 유리병, 우드락과 같이 수채화 물감으로 칠하기 어려운 곳에 두루 색칠할 수 있습니다. 건조가 빨라 채색 후 만들기 놀이하기에도 좋습니다. 굳은 후에 잘 지워지지 않으므로 미술가운을 꼭 착용하고, 사용한 붓은 바로 세척합니다. 팔레트 대용으로 적당한 크기로 자른 은박지나 일회용 접시 등을 이용하면 편리합니다.

TIP

물감의 혼색

아이가 다양한 색상을 표현하고 싶어 한다면 때로는 혼색이 필요합니다. 혼색을 할 때는 물감을 조금씩 섞어 가면서 색깔이 변하는 모습을 천천히 살펴봅니다.
- 빨강 + 노랑 = 주황
- 초록 + 노랑 = 연두
- 빨강 + 파랑 = 보라
- 파랑 + 노랑 = 초록
- 파랑 + 초록 = 청록
- 파랑 + 보라 = 남색
- 빨강 + 보라 = 자주

6. 붓

채색할 때 사용하는 대표적인 도구입니다. 쓰임새에 따라 모양과 크기가 다양합니다. 수채화에서는 둥근 붓을 많이 사용하고, 넓은 면적을 칠할 때에는 백붓을 사용하기도 합니다. 어린이용으로 나온 짧은 붓도 있습니다.

붓의 크기는 호수로 표시하는데 호수가 커질수록 크기가 커지고 물을 많이 머금을 수 있습니다. 붓은 물통에 오래 담가 두지 말고 사용 후 곧바로 세척해서 잘 말려 둡니다. 끝을 모아서 보관해야 붓의 수명이 길어집니다.

7. 면봉

붓 사용이 미숙한 어린 아이들도 면봉에 물감을 묻혀 점찍기를 하거나 선을 그리며 놀이할 수 있습니다.

8. 물통, 수건

시중에 판매하는 것 대신 유리병이나 플라스틱 병 등을 재활용하여 물통으로 사용할 수도 있습니다. 붓을 빨기 위한 물과 물감을 풀기 위한 물을 구분할 수 있도록 칸칸이 나누어진 물통을 사용하면 좋습니다. 물통에서 붓의 물기를 뺀 뒤 마른수건을 이용해 물의 양을 조절합니다.
붓을 사용하고 다른 색깔을 사용할 때 보통 붓을 빨아서 다른 색깔을 사용합니다.

어린 아이들은 이런 과정이 어려울 수 있기 때문에 한 가지 색깔의 물감에 하나의 붓만 사용하도록 꽂아서 사용하는 어린이 안전 물감통(똑딱 물감통)을 사용할 수도 있습니다. 혹은 왼쪽 사진과 같이 일회용 커피 컵을 재활용하여 사용하는 방법도 있습니다.

9. 팔레트

팔레트는 플라스틱 제품 혹은 알루미늄 제품이 있습니다. 물을 묻힌 붓으로 팔레트를 닦아 낸 뒤 마른 수건으로 닦아 내면 팔레트를 깨끗이 유지할 수 있습니다. 아이가 어릴 때에는 머핀틀이나 일회용 커피컵 등에 물감을 짜서 엄마가 적당량의 물을 넣어 농도를 맞추어 주면 편리하게 놀이할 수 있습니다.

그리기 재료와 용구

◆ **그리기 재료 및 용구** ◆

1. 연필

아이들이 쉽게 사용할 수 있는 그리기 도구입니다. 연필의 H, F, B 등의 기호는 경도와 농도를 나타내는 것으로 각각 hard, firm, black을 의미합니다. 높은 숫자의 H심일수록 딱딱하고 흐리게 써집니다.
높은 숫자의 B심일수록 부드럽고 진하게 써집니다. 아이들이 그리기에는 B 또는 2B 정도면 무난합니다. 연필과 함께할 지우개는 말랑말랑할수록 좋습니다.

2. 사인펜

선이 선명하고 세부적인 묘사할 때 유용합니다. 수성이라 물에 잘 번지므로 수채화 물감과 함께 사용할 경우 주의해야 합니다.

3. 유성사인펜(유성매직, 네임펜 등)

사인펜보다 심이 굵어서 큰 글씨, 큰 그림을 그릴 때 유용합니다. 또한 밑그림을 그리고 크레파스로 채색하면 깔끔한 그림을 그릴 수 있습니다. 유성사인펜은 비닐이나 OHP 필름, 플라스틱처럼 수성펜을 사용하기 어려운 곳에 널리 쓰입니다.

4. 크레파스

주원료인 파라핀에 색소를 넣어 만든 것입니다. 밑그림을 그릴 때나 면을 칠할 때도 쓰이며 혼색이 가능합니다. 크레파스는 종이뿐 아니라 나무, 펠트, 우드락, 사포, 돌 등 다양한 곳에 채색이 가능합니다.

5. 색연필

유성 색연필 : 유성 색연필은 기름 성분으로 이루어져 물에 번지지 않고 잘 지워지지 않습니다. 아이들이 흔히 사용하는 끝을 돌리면 심이 나오는 돌돌이 색연필은 유성 색연필에 해당합니다. 유성 색연필은 심이 무른 크레용 색연필과 심이 단단한 색연필로 다시 나눌 수 있습니다.

수성 색연필 : 수성 색연필로 그린 후 물을 묻힌 붓으로 문지르면 수채화 효과가 납니다. 발색이 좋고 세밀한 표현이 가능합니다. 일반 색연필보다 색상이 흐리고 심의 강도가 연한 편입니다. 심이 가늘어 부러지기 쉽고 깎아서 사용해야 한다는 불편함이 있습니다.

만들기 및 꾸미기 재료와 용구

스팡클 : 반짝이는 재질로 목공풀을 이용해서 다양한 곳에 접착 가능합니다. 꽃, 하트, 동물 등 모양도 다양해서 종류별로 몇 개 구매해 두거나 한데 섞은 믹스를 구매해 놓으면 오랫동안 사용할 수 있습니다. 스팡클 가운데에 작은 구멍이 있어 가는 철사, 낚싯줄, 빵끈 등을 끼워서 매달 수도 있습니다.

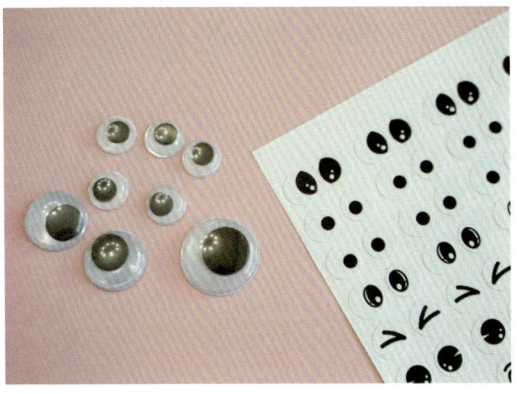

무빙아이, 눈 스티커 : 무빙아이는 흔들었을 때 소리가 나면서 눈동자가 흔들거립니다. 크기와 종류가 다양합니다. 특히 아이들이 좋아하는 동물 만들기를 할 때 목공풀을 이용해서 붙이면 생동감이 살아납니다. 목공풀 사용이 미숙하다면 양면테이프가 접착되어 있는 것을 구매하면 편리합니다.

끈류 : 털실, 마끈, 지끈, 낚싯줄, 리본, 트와인끈 등 다양한 종류가 있습니다. 선물 받은 포장 끈을 평소에 잘 모아 두면 훌륭한 미술 놀이 재료가 됩니다. 색깔 실과 흰 실을 꼬아 만든 실인 트와인끈은 특히 예쁜 디자인이 많아 장식할 때 유용합니다.

폼폼(색볼, 뿅뿅이, 솜방울) : 동그란 솜방울로 역시 모양과 크기가 다양합니다. 입체감 있는 만들기에 두루 활용할 수 있습니다.

만들기 및 꾸미기 재료와 용구

종이접시, 종이컵 : 공작용으로 판매하는 컬러 종이접시는 그 위에 바로 그림을 그리기나 채색을 할 수 있습니다. 또한 시계, 가면 등 다양한 만들기에도 두루 쓰입니다. 종이컵도 쌓기 놀이를 하거나 만들기에 다양하게 응용할 수 있습니다.

모양 펀치 : 모양 펀치에 종이를 끼우고 찍어 내면 다양한 모양으로 잘립니다. 아이들이 직접 그리기 힘든 꽃, 천사, 하트, 나비 등 다양한 모양을 만들어 낼 수 있습니다.

하드스틱(아이스크림 막대기) : 아이스크림 막대 모양으로 생긴 미술 재료로 색깔과 크기가 여러 가지가 있습니다. 다양한 만들기에 두루 사용됩니다. 아이스크림을 먹고 직접 씻어 말려서 사용할 수도 있습니다.

접착 도구 : 딱풀, 물풀, 목공풀(오공본드), 글루건 등이 있습니다. 딱풀과 물풀은 종이를 접착할 때 유용합니다. 목공풀은 종이, 천, 나무, 플라스틱 등 대부분의 재료에 잘 붙습니다. 건조하는 데 시간이 걸리며 완전히 건조되면 흰색에서 투명한 색으로 변합니다. 글루건은 전기로 글루 스틱을 녹여 사용합니다. 위험하므로 어른이 대신 작업하고, 초등학생 이상은 어린이용 목장갑을 착용하고 사용하는 것이 좋습니다.

아이 작품 전시·보관하는 방법

아이와 함께 정성스레 완성한 작품을 버리기는 아쉽고 그렇다고 모아 두자니 끝이 없어 난감한 경우가 많았습니다. 아이 그림 잠깐 걸자고 집을 온통 못 자국으로 만들 수도 없는 노릇이었습니다. 이래저래 시행착오를 거치다 보니 아이 그림을 소중하게 전시하고 보관하는 방법이 생각보다 많다는 것을 깨달았습니다. 집안 곳곳에 있는 자신의 그림을 오며 가며 자세히 살펴보기도 하고 손님이나 친구가 오면 자랑스럽게 설명해 주기도 합니다. 엄마와 도란도란 이야기 나누며 추억에 잠기는 것도 큰 즐거움입니다.

◆ 보기 쉽게 전시·보관하는 방법 ◆

1. 줄에 매달아 전시하기

벽면에 고리를 부착한 뒤 줄로 이어 주고 집게로 그림을 찝어 전시하는 방법입니다. J모양으로 휘어진 고리(후크)는 철물점, 천원 샵, 인테리어 샵 등에서 구매할 수 있습니다. 고리는 못이나 나사로 박는 것이 가장 튼튼합니다. 하지만 벽에 자국이 나는 것이 싫다면 3M 코맨드 제품, 블루택, 꼭꼬핀 등을 이용할 수 있습니다. 줄은 마끈, 트와인끈, 털실 등을 다양하게 활용 가능합니다. 이 방법은 그림을 말릴 때에도 빨래 널듯이 쉽게 걸어 놓을 수 있고, 그림 교체가 쉽습니다.

2. 액자에 넣어 전시하기

아이가 끄적거린 그림도 액자에 넣으면 한층 돋보입니다. 액자는 못을 박아 거는 방법, 와이어액자 레일을 활용하는 방법, 콘솔이나 선반 등에 올려놓는 방법 등이 있습니다.

3. 캔버스 전시하기

캔버스는 다양한 사이즈와 모양이 있습니다. 캔버스에 다양한 그림을 그려 벽에 걸면 그 자체로 멋진 액자가 됩니다.

4. 블루택 활용하기

점토처럼 생긴 접착제입니다. 가벼운 액자, 캔버스 등을 벽에 붙이기에 좋습니다. 그림을 액자에 넣기 번거롭다면 도화지를 바로 붙일 수도 있습니다. 적당량을 떼어 낸 뒤 말랑말랑하게 반죽을 해서 액자나 도화지의 네 귀퉁이에 구슬처럼 붙여줍니다. 재사용이 가능하고 흔적 없이 떨어지는 것이 장점입니다.

5. 유리창에 자국 없이 전시하기

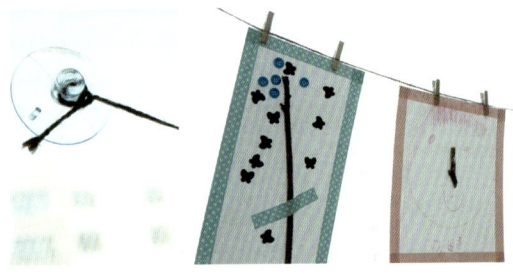

유리창은 흡착판(큐방)을 이용해서 그림이나 가랜드를 전시할 때 사용할 수 있습니다. 탈부착이 쉽고 테이프처럼 자국이 남지 않는다는 장점이 있습니다.

6. 네트망 이용하기

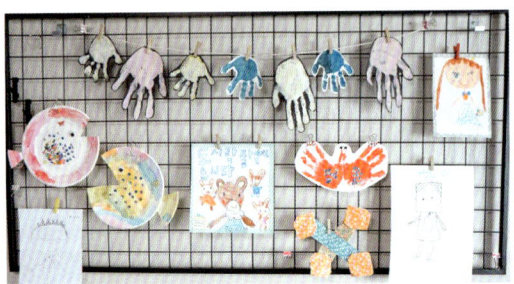

학교에서 선생님들이 학급 게시판을 꾸밀 때 사용하는 것을 보고 아이디어를 얻었습니다. 집게로 찝거나 고리에 걸어 여러 장의 그림을 전시할 수 있습니다. 네트망(철망)은 천원 샵에서 작은 사이즈를 구매할 수도 있고 온라인에서 사진과 같이 큰 사이즈를 구매할 수도 있습니다.

7. 예쁜 종이상자가 액자로 변신

쿠키 상자와 같이 예쁜 종이상자의 안쪽에 아이 그림을 마스킹테이프로 붙여 줍니다. 선반 같은 곳에 세워 두면 액자 느낌이 납니다.

8. A4 클립보드 활용하기

구하기 쉬운 A4 사이즈의 클립보드를 벽에 걸거나 붙여 줍니다. 클립에 그림을 끼우면 손쉽게 그림을 전시할 수 있습니다.

9. 종이접시 활용하기

종이접시를 도화지겸 액자처럼 활용할 수 있습니다. 종이접시 위에 바로 그림을 그리거나 다양한 재료를 이용해 만들기를 할 수 있습니다. 종이접시에 구멍을 뚫어 모빌처럼 걸어 주거나 블루택으로 벽이나 냉장고 등에 붙여 활용할 수 있습니다.

10. 마스킹테이프 이용하기

아이의 그림을 벽면에 부착하고 그림 주변에 마스킹테이프를 액자 프레임처럼 붙여 줍니다. 마스킹테이프는 종이 재질의 테이프로 떼어 낼 때 흔적이 잘 남지 않는 것이 장점입니다. 색깔과 두께가 다양하고 예쁜 무늬가 들어간 종류도 있습니다.

◆ 보기 쉽게 보관하기 ◆

1. 클리어파일에 차곡차곡

일정기간 전시했던 그림을 클리어파일에 차곡차곡 넣어 보관하는 방법이 있습니다. 클리어파일은 사이즈가 다양하게 있으니 아이의 작품에 따라 알맞은 파일을 골라 넣으면 됩니다. 아이와 함께 클리어파일을 넘기다 보면 추억이 새록새록 떠오릅니다.

2. 사진으로 찍어 두기

작품의 크기가 너무 크거나 양이 많다면 사진으로 남겨 봅니다. 멋지게 찍은 아이의 작품 사진으로 탁상달력이나 머그컵과 같은 기념품을 제작해도 좋아요. 또는 온라인에서 아이 사진을 모아 포토북을 제작하는 것처럼 미술 작품만 모아서 책으로 만드는 방법도 있습니다.

엄마표 놀이에 도움을 주는 아이템

1. 널따란 좌식 책상

아이가 어릴수록 엄마와 같이 놀이하는 시간이 많습니다. 귀엽고 앙증맞은 유아용 책상도 좋지만 저희 집에서는 어른도 같이 앉을 수 있고 낙상 위험이 없는 널따란 좌식책상이 편리했습니다. 책상이 넓으면 큰 도화지도 올려놓을 수 있고 동생이나 친구와 함께 놀이할 수 있다는 장점이 있습니다.

2. 방수 천 또는 방수 비닐

미술 놀이를 하면서 아끼는 책상이 지저분해질까봐 걱정된다면 방수 천을 까는 방법이 있습니다. 수성 물감이나 사인펜 등은 물티슈로 쉽게 지울 수 있습니다. 원단을 파는 곳에서 방수 천을 책상 사이즈에 맞게 주문하여 사용할 수 있습니다. 혹은 천원 샵에서 비닐로 된 일회용 위생 식탁보를 구매하여 사용하는 방법도 있습니다.

3. 방수 매트

쌀 놀이, 촉감 놀이 같은 감각 놀이를 할 때 바닥에 깔 수 있는 놀이용 매트입니다. 온라인에서 퍼니퍼니 매트, 오감 놀이 매트, 모래 놀이 매트 등으로 검색하면 다양한 제품을 구매할 수 있습니다.

4. 문구 정리함

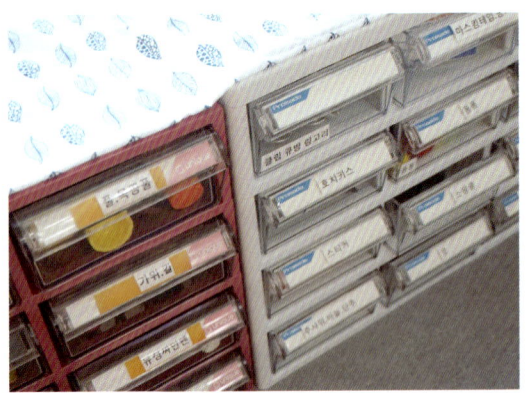

자잘한 문구용품들을 정리하는 데 유용하게 쓰입니다. 이름을 라벨로 표시하면 원하는 물건을 좀 더 쉽게 찾을 수 있습니다. A4 용지를 많이 사용한다면 서류 정리함도 유용합니다.

5. 칸칸 수납 상자

다양한 꾸미기 재료들을 칸칸이 나누어 보관할 때 유용합니다. 스팡클, 무빙아이, 수수깡 조각, 폼폼 등을 칸칸이 넣어 두면 만들기할 때마다 서랍을 힘들게 찾을 필요가 없습니다. 한번 쏟아지면 정리가 힘드니 뚜껑이 있는 것이 좋습니다. 밀폐용기에 우유팩을 잘라 넣어 엄마가 직접 만들어 줄 수도 있습니다. 락앤락 마이케이스 제품이나 화장품 정리 용기 등을 활용하면 좋습니다.

6. 매직 블록

세제 없이 물로만 얼룩을 청소할 수 있는 스펀지입니다. 물을 적당히 묻혀서 얼룩 있는 부분을 문질러 주면 아이들 낙서, 오래된 물감 자국 등을 지우는 데 유용합니다.

7. 테이프 커터기

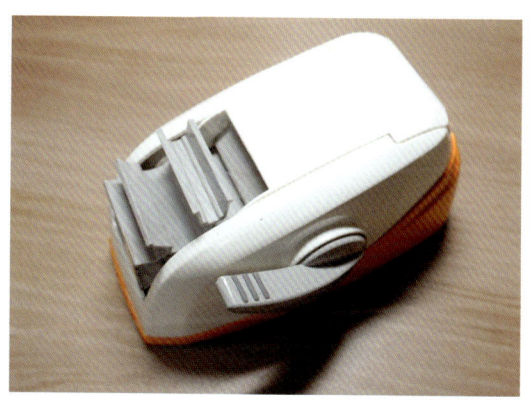

스카치테이프를 일정한 간격으로 잘라 주는 제품입니다. 테이프를 자를 때마다 일일이 엄마를 찾을 필요가 없습니다. 칼날이 밖에 나와 있지 않은 제품으로 골라 주세요. 3M의 스카치 원터치 테이프 커터기(테이프 디스펜서) 제품이 유용합니다.

8. 미술가운 또는 팔토시

전신 미술가운과 같이 상하체를 모두 감싸는 형태의 제품도 있고 상체만 감싸는 형태의 가운도 있습니다. 여름에는 간단히 유아용 방수 앞치마를 착용할 수도 있습니다. 소매가 얼룩지지 않도록 팔에만 착용하는 미술용 팔토시를 사용할 수도 있습니다.

가정에서 할 수 있는 재밌는 한글 놀이

아이들은 생활 속에서 한글을 접하면서 자연스럽게 익히는 경우가 많습니다. 최근에는 학습지, 동영상 시청 등을 통해 한글을 익히는 경우가 많습니다. 사교육에 많이 의존하는 현실을 개선하고자 '2015 개정 국어과 교육과정'에서는 2009 개정에서 27차시에 머물렀던 한글 교육을 62차시 이상 확보하였습니다. 누리 교육과정과의 연계를 강화하고 글자를 온몸으로 느끼고 체득하도록 돕는 활동이 크게 늘었습니다.

한글을 익히지 못한 채 입학했다면 가정에서는 학교 진도에 맞추어 꾸준히 복습을 해 주는 것이 좋습니다. 한글을 빨리 해득했다 할지라도, 기초가 튼튼한 학생은 얼마 되지 않습니다. 한글 놀이를 꾸준히 병행해 준다면 기초 문식성이 탄탄해지고 다른 교과 학습에도 긍정적인 영향을 줄 수 있다고 생각합니다.

자녀의 한글 지도에 대해 고민하신다면 다음의 〈한글 해득 지도 방법〉을 보고 우리 아이에게 어떤 방법이 적절할지 생각해 보세요.

■ 한글 해득 지도 방법(출처 : 국어 교사용 지도서 1-1, 미래엔 출판사, 365쪽~368쪽)

한글 해득 지도 방법			
발음 중심 접근 방법	한글의 낱자(자음자, 모음자)부터 익혀 의미가 있는 낱말과 문장으로 확대하는 방식	장점	• 자음자와 모음자가 결합해 하나의 글자를 이루는 한글의 구조를 체계적이고 논리적으로 지도할 수 있다.
		단점	• 분석적이고 논리적이어서 학생들이 이해하는 데 어려움이 있다. • 추상적 무의미한 단위까지 다루므로 학생의 학습 흥미 유발과 유지가 어렵다. • 의미보다는 문자 자체에 더 큰 관심을 가지게 되므로 독해 지도와 연계되지 않는다.
의미 중심 접근 방법	의미가 있는 낱말이나 문장에서 글자를 익히고 글자를 분석해 한글의 낱자까지 익히는 방식	장점	• 낱말이나 문장을 하나의 단위로 읽어나가기 때문에 발음보다는 의미 파악에 초점을 둘 수 있다. • 제한된 낱말, 문장만 지도하므로 학습이 쉽다. • 실생활에서 익숙한 낱말이나 문장을 중심으로 지도하므로 학습의 흥미유발, 지속적인 관심을 유지할 수 있다.
		단점	• 의미 파악에 과도하게 초점을 두어 정확한 발음을 지도하기 어렵다. • 제한된 낱말, 문장만 지도하므로 학습량이 적다. • 일단 배운 글자는 그 형태 또는 기억에 의해 쉽게 읽을 수 있으나 배우지 않은 단어나 문장은 거의 읽을 수 없다. 즉, 학습 전이가 매우 낮다.
절충식 접근 방법	의미 중심 접근 방법과 발음 중심 접근 방법을 일정한 순서를 정해서 적용해 한글 해득을 지도하는 방법		발음 중심 방법과 의미 중심 방법의 장점을 살리고 단점을 보완하기 위해 접근하는 방법. 현재 교과서 구성 및 한글 해득 지도에 이 방법을 사용한다.

바둑알을 이용해서 모양 만들기

엄마가 불러주는 단어(예 하마, 수건 등)를 듣고 단어의 자음만 바둑알로 나타내 봅니다. 혹은 단어 전체를 바둑알로 나타내 봅니다.

하드스틱 뽑기

하드스틱의 아랫부분에 자음자를 써서 뽑기 도구를 만듭니다. 뽑기 도구에서 뽑은 자음자로 시작하는 단어를 말해 봅니다.

공깃돌을 이용해서 모양 만들기

엄마가 단어카드를 아이에게 2~3초가량 보여 주었다가 재빨리 뒤로 숨깁니다. 아이는 단어카드의 내용을 공깃돌로 만들어 봅니다.

동물 다섯 고개 놀이

동물을 주제로 다섯 고개 놀이를 합니다. 아이가 엄마에게 여러 가지 질문을 던집니다(다리가 2개인가요? 바다 속에 사나요?). 엄마가 아이에게 자음 힌트를 주면 아이는 정답을 맞춰 봅니다.

가정에서 할 수 있는 재밌는 한글 놀이

연필과 지우개로 모음 만들기 놀이

연필, 색연필, 지우개 등을 이용해서 여러 가지 모음의 모양을 만들어 봅니다.

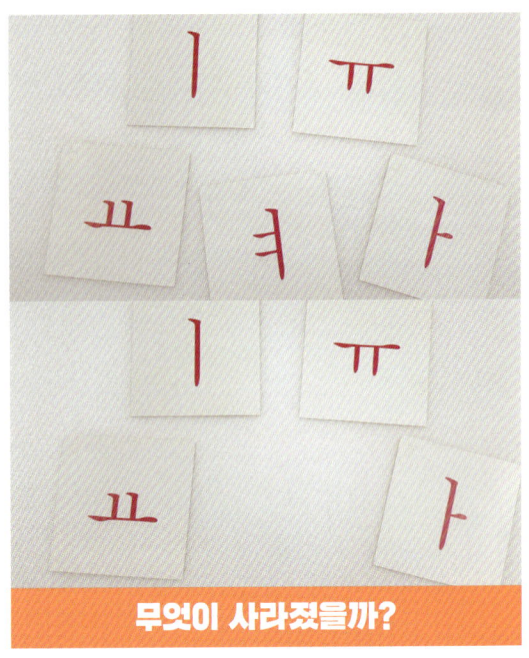

무엇이 사라졌을까?

카드를 5~6장 정도 늘어놓습니다. 아이에게 카드를 자세히 살펴보도록 한 뒤 눈을 감도록 합니다. 그중 한 카드를 엄마가 숨깁니다. 어떤 카드가 없어졌는지 맞추어 보도록 합니다.

멈춰! 놀이

카드를 10장 이내로 준비합니다. '기역' 카드가 보이면 "멈춰"를 외치기로 미리 약속합니다. 엄마가 리듬을 타며 한 장씩 차례로 카드를 넘깁니다. 기역 카드가 보이면 아이는 "멈춰!"를 외칩니다. 자음 카드, 모음 카드, 통문자 카드 등 모든 카드에 응용할 수 있습니다.

파리채 단어잡기 놀이

엄마가 단어를 부르면 해당 카드를 찾아 손 모형 장난감이나 파리채로 내리칩니다. 두 사람 이상이 할 경우 누가 먼저 찾나 겨루기 놀이를 할 수 있습니다.

과자로 글자 만들기

막대 모양 과자를 이용해서 모음을 만들거나 동그란 모양의 과자를 이용해서 자음을 만들어 봅니다.

신문지에서 글자 찾기

신문지나 전단지에서 글자를 찾아 오려 붙여 봅니다. 우리 가족 이름을 찾아보는 것도 좋습니다.

■ 놀이 재료를 구입하는 온라인, 오프라인 구입처를 자세히 알아봅니다.

온라인 구입처	미술재료 쇼핑몰	가정에서 엄마표 미술 놀이를 시작할 때 필요한 유아용 미술용품들이 많이 있습니다. **맘아트** : http://www.momart.co.kr **아트랄라** : http://www.artlala.co.kr **퍼니스쿨** : http://funnyschool.co.kr **핸즈코리아** : http://www.hands-kor.co.kr
	화방넷	전문가용 미술용품을 주로 판매합니다. http://www.hwabang.net
	알파문구	미술용품뿐 아니라 다양한 문구류가 있습니다. http://www.alpha.co.kr
	한가람몰	공예용품, 화방용품, 문구용품 등 다양한 물건을 판매하며, 오프라인 매장이 있어 살펴 볼 수 있습니다. http://www.hangaram.kr
	한진과학	과학 실험이나 과학 모형 만들기에 필요한 다양한 물품이 있습니다. 비슷한 사이트로 과학넷, 프라임 사이언스 등이 있습니다. http://www.korearocket.co.kr
오프라인 구입처	이케아	**광명점** : 경기도 광명시 일직로 17(14352) **고양점** : 경기도 고양시 덕양구 도내동 권율대로 420
	한가람 문구	서울시 서초구 신반포로 194 강남 고속버스터미널 경부선 지하 1층 (반포본점)
	알파문구	전국 체인점
	호미화방	서울시 마포구 홍익로3길 20 1 1층 호미화방

가라사대, 끝말잇기 놀이를 해 보고
파리채, 단어카드, 휴지상자, 릴레이 쪽지, 종이컵 등을 이용하여
다양한 형태의 언어 발달 놀이를 아이의 발달 상황에 맞게 즐겨 봅니다.

PART 1

말과 함께 생각도 늘어요
: 언어 발달 놀이

: 책이랑 친해지는 책 놀이 :

4세 이상

교과서 활용 단계

과목 국어   **학년** 2학년   **단원** 1. 소중한 책을 소개해요   **개념** 여러 가지 모양의 책 읽기 / 재미있게 읽은 책 소개하기

준비물

책

책을 머리에 올려놓고 반환점을 누가 먼저 돌아오나 겨루어 보는 놀이예요. 실컷 책으로 놀다 보면 '우리 집에 이렇게 재미있는 책도 있었나?'라며 어느새 책 읽기에 빠져듭니다. 다양한 책 놀이를 하다 보면 책이 친구처럼 친근하게 느껴져요.

놀이하기

놀면서 함께 배워요

: 들어가기 전에 : 무대에서 모델이 멋지게 걷는 장면을 본 적이 있는지 이야기 나누어 봅니다. 종이컵을 머리 위에 올려놓고 모델처럼 걸어 봅니다.

❶ 머리 위에 책을 올려놓고 자유롭게 걷기 연습을 해 봅니다. 빠르게도 걸어 보고 느리게도 걸어 봅니다.

✪ 다양한 방법으로 속도를 조절하며 어떤 속도가 적당한지 찾아봅니다.

❷ 출발선에서 책을 머리에 올린 채 떨어뜨리지 않고 누가 먼저 반환점을 돌아오나 겨루어 봅니다.

✪ 반환점은 의자, 바구니 등을 이용해 만들 수 있어요.

❸ 우아하게 걷기, 군인처럼 걷기, 신나게 걷기, 공룡처럼 걷기, 하이파이브하며 걷기 등 다양한 방법으로 걸어 보거나 시합을 해 봅니다.

✪ 얇은 책, 두꺼운 책, 큰 책, 작은 책 등 다양한 책을 찾아 머리 위에 올려 봅니다. 어떤 책이 균형 잡기 가장 좋은지 비교해 봅니다.

응용하기

응용하면 더 재밌어요

| 와르르 책 도미노 |

❶ 책을 벌려서 나란히 세웁니다.

❷ 길게 이어 도미노를 만들어 무너뜨려 봅니다.

| 책 징검다리 만들기 |

NOTE

특정 글자로 시작하거나 특정 동물이 나오는 책을 모두 모아 봅니다. 예컨대 '나' 글자로 시작하는 책만 모두 모으거나 토끼가 등장하는 책을 모두 모아 봅니다.

책을 모아서 징검다리를 만들어 폴짝폴짝 건너 봅니다. 거꾸로도 건너 봅니다. 제목을 읽으며 건너거나 동물이 나오는 책만 밟으며 건너 봅니다.

: 스카프 이야기꾼 놀이 :

4세 이상

 교과서 활용 단계

| 과목 | 국어 | 학년 | 1학년 | 단원 | 8. 소리내어 또박또박 읽어요 | 개념 | 이야기 읽기 극장하기 |
| 과목 | 국어 | 학년 | 2학년 | 단원 | 11. 상상의 날개를 펴요 | 개념 | 인물의 마음을 생각하며 역할 놀이하기 |

 **준비물**

스카프

동화책을 읽고 역할 놀이를 직접 해 보면 상황에 대한 정확한 인식과 이해를 돕고 상상력을 풍부하게 해 주어요. 엄마가 먼저 실감나게 연기하는 모습을 보여 주세요. 아이도 어느새 이야기에 빠져듭니다.

놀이하기

놀면서 함께 배워요

: **들어가기 전에** : 동화책을 한 권 골라 함께 읽어 봅니다. 이때 스카프로 표현하기 적절한 내용이 있는지 엄마가 먼저 살펴보고 골라 주면 좋습니다. (예) 장화 신은 고양이, 해님 달님, 아라비안 나이트, 빨간 모자 등)

❶ 고양이가 장화를 신는 모습을 스카프로 흉내 내 봅니다.

★ 막내 : 휴, 고양이로 어떻게 살아간담.
  고양이 : 주인님 제게 장화 한 켤레만 주세요. 그러면 주인님에게 좋은 일이 생길 거예요!

❷ 자루로 덫을 만들어 토끼를 잡는 모습을 흉내 내 봅니다.

★ 고양이 : 살금살금. 잡았다! 토끼, 이 녀석을 왕에게 바쳐야지.

❸ 장화 신은 고양이가 왕에게 토끼를 바치는 모습을 흉내 내 봅니다.

NOTE

이야기 녹음하기

놀이 시작 전에 미리 녹음기나 휴대폰의 녹음기 어플을 준비합니다. 쉽고 대화체가 많은 동화책으로 함께 골라 봅니다.

1. 아이와 함께 동화책을 읽고 어떻게 녹음할지 이야기를 나누어 봅니다. 가족끼리 적절히 역할을 나누고 효과음을 어떻게 넣을지 생각해 봅니다. (예) 풀잎이 바스락거리는 장면에 종이를 구겨 효과음 내기)

2. 녹음기 주위에 둘러 앉아 함께 이야기를 녹음해 봅니다. 대사 속에 감정을 넣어 읽어 봅니다. 큰 소리와 작은 소리도 구분해 봅니다.

3. 가족들이 함께 녹음된 이야기를 감상해 봅니다.

: 쉿 집중! 가라사대 놀이 :

과목 국어 **학년** 1학년 **단원** 2. 소리와 모양을 흉내 내요 **개념** 흉내 내는 말의 재미 느끼기

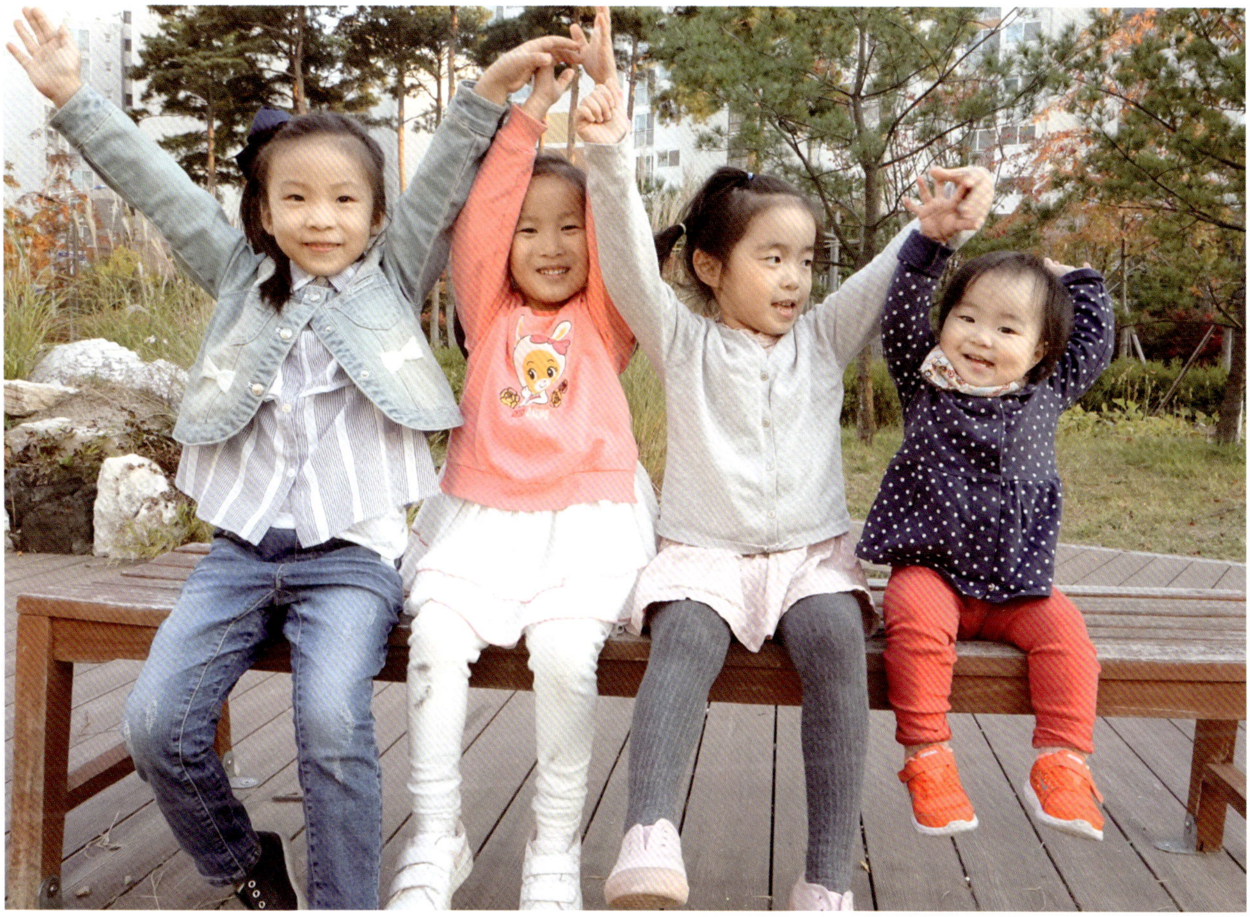

없음

가라사대는 '말씀하시되'라는 뜻으로, '가로되'의 높임말입니다. '가라사대'가 붙여진 말에만 몸으로 동작을 합니다. 엄마의 말에 귀를 쫑긋 기울여야 틀리지 않습니다. 움직이는 모양을 흉내 내는 말을 넣어 놀이에 재미를 더해 주세요.

놀이하기

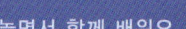

놀면서 함께 배워요

: **들어가기 전에** : 아이에게 놀이 방법을 설명합니다. "가라사대"라는 말로 시작할 때만 아이는 동작을 합니다. "가라사대"라는 말로 시작하지 않을 때는 아이는 동작을 하지 않습니다.

❶ 앉은 자세에서 할 수 있는 가라사대 놀이입니다. 다음 대화를 참고해 주세요.

NOTE

가라사대 팔을 흔들어 보세요.
엄마처럼 흔들흔들 ~ (갑자기) 멈춰!
(이때 멈추면 틀립니다.)
가라사대 박수 한 번 시작 (짝)
두 번 시작 (짝짝 치는 순간 틀리지요.)
가라사대 손 머리!
가라사대 손 어깨!
손 무릎! 대단한 걸~

❷ 움직이면서 할 수 있는 가라사대 놀이입니다. 다음 대화를 참고해 주세요.

NOTE

가라사대, 자리에서 일어나세요.
가라사대, 점프 한 번 시작 폴짝! 두 번 더 폴짝폴짝
가라사대, 빙글빙글 돌아 주세요. 멈춰!
흔들흔들 엉덩이를 흔들어 주세요.
가라사대 눈, 가라사대 코, 가라사대(입술을 가리키며) 이마.
가라사대, 발가락 꼼지락 꼼지락. 멈춰!
가라사대, 앉으세요. 가라사대 고개를 끄덕거려 주세요.
가라사대, 왼쪽 귀를 잡아 주세요.

응용하기

응용하면 더 재밌어요

| 과일 상자 놀이 |

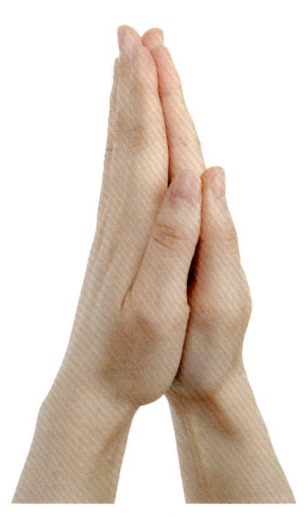

NOTE

- 엄마: 과일 상자 놀이 시작!
- 아이: 짝짝
- 엄마: 사과
- 아이: (냠냠) 짝짝
- 엄마: 포도
- 아이: (냠냠) 짝짝
- 엄마: 호랑이
- 아이: (박수를 치면 틀립니다.)

엄마가 과일과 관련된 단어를 외치면 아이는 냠냠 소리와 함께 박수를 두 번 칩니다. 과일이 아닌 단어가 나오면 박수를 치지 않습니다. 코딱지, 응가 등의 단어를 섞으면 아이들이 깔깔 웃으며 즐거워해요.

✪ 생선 상자 놀이, 탈 것 상자 놀이, 동물 상자 놀이, 색깔 상자 놀이 등으로 다양하게 응용할 수 있어요.

: 한글 아이스크림 가게 놀이 :

5세 이상

교과서 활용 단계

과목 국어　**학년** 1학년　**단원** 2. 재미있게 ㄱㄴㄷ　**개념** 자음자의 모양, 소리 알기

준비물
두꺼운 색지, 하드스틱, 셀로판테이프, 펜

아이가 한글에 관심을 보일 때, 갑작스레 과도하게 학습지를 들이밀거나 읽기를 억지로 시킨다면 거부감이 생길 수 있어요. 엄마와 간단히 만든 가나다 한글 아이스크림으로 역할 놀이를 하며 한글에 대한 흥미를 서서히 이끌어 주는 놀이예요.

놀이하기

놀면서 함께 배워요

: 들어가기 전에 : 아이와 함께 자모음 말 놀이 책을 읽으며 이야기 나누어 봅니다.

❶ 두꺼운 색지를 아이스크림 모양으로 잘라 주세요. 그리고 '가'부터 '하'까지 순서대로 적어 줍니다. 색지에 하드스틱 또는 빨대를 붙여 아이스크림처럼 만들어 줍니다.

NOTE

컴퓨터로 프린트한 뒤 코팅을 해 주면 좀 더 오래 사용할 수 있어요. 프린트 자료는 블로그를 참고해 주세요. 코팅하는 과정이 번거롭다면 사진과 같이 두꺼운 우유팩을 이용해 만드는 방법도 있어요. 우유팩을 아이스크림 모양으로 자른 뒤 유성사인펜으로 한글을 써 주고 하드스틱을 붙여 만듭니다. 아이와 함께 아이스크림처럼 색깔을 넣어 꾸며 주면 좋아요.

❷ 한글 아이스크림을 이용하여 가게 놀이를 합니다.

NOTE

한글을 처음 접하는 아이라면 한글 아이스크림을 하루에 2~3개씩 꺼내 줍니다. 놀이가 끝나면 지퍼백에 교구를 보관한 뒤 하루에 3개씩 꺼내 매일 꾸준히 놀이를 해 주세요. 하나하나 글자를 익히다 보면 자신감이 생겨서 놀이에 더욱 즐겁게 참여합니다.

- **엄마** 안녕하세요. 달콤한 아이스크림 사러 왔어요. 여기가 혹시 아주 유명한 한글 아이스크림 가게 맞나요?
- **아이** 네, 어서 오세요. 여기가 바로 한글이 새겨져 있는 한글 아이스크림 가게입니다. 어떤 아이스크림을 드시고 싶나요?
- **엄마** 아, 저는 한글을 딱 하나밖에 모르는데, 혹시 '가' 글자 아이스크림 있나요?
- **아이** 네, 그럼요. '가' 아이스크림입니다. 맛있게 드세요.
- **엄마** 감사합니다. 여기 천 원이요. 냠냠.

Part 1. 말과 함께 생각도 늘어요 : 언어 발달 놀이 • **037**

응용하기

응용하면 더 재밌어요

| 한글 아이스크림 보물찾기 |

엄마가 가나다 아이스크림 교구를 집안 곳곳에 숨겨 놓습니다. '시작' 소리와 함께 한글 아이스크림 보물을 찾아보는 놀이예요.

| 가나다 한글 사냥하기 |

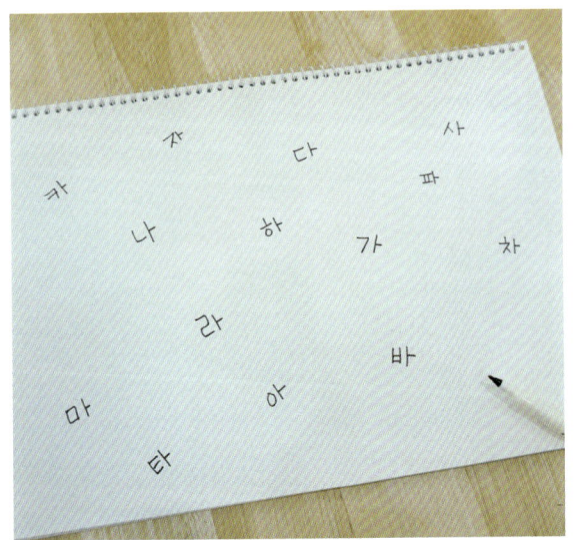

❶ 엄마가 스케치북에 '가'부터 '하'까지 글자를 자유롭게 써 줍니다.

❷ 아이는 사냥꾼이 되어서 엄마가 불러 주는 글자에 색연필로 동그라미를 하며 사냥을 합니다. 친구와 서로 다른 색연필을 들고 함께 한글 찾아보기를 해 봅니다.

: 달력을 이용한 모음 놀이 :

4세 이상

교과서 활용 단계

과목 국어   **학년** 1학년   **단원** 4. 글자를 만들어요   **개념** 글자에서 자음자와 모음자를 찾을 수 있다 / 글자의 짜임을 안다

준비물

안 쓰는 탁상달력, 가위, 풀, 종이, 펜

탁상달력의 속지를 반으로 나눈 뒤 자모음을 엄마가 직접 써 주거나 컴퓨터로 출력하여 붙입니다. 아이가 스스로 탁상달력을 넘겨가며 글자를 읽어 보는 한글 놀이예요.

놀이하기

놀면서 함께 배워요

들어가기 전에: 앞서 배운 다양한 자음자 모양을 몸으로 표현하며 복습해 봅니다.

❶ 탁상달력의 속지를 사진과 같이 반으로 나누어 자릅니다.

❷ 사진과 같이 한쪽에는 자음을 쓰고, 다른 한쪽에는 모음을 씁니다.

❸ 탁상달력을 넘겨가면서 글자를 읽어 봅니다.

❹ 읽기가 익숙해지면 해당 글자로 시작하는 단어를 찾아봅니다.

NOTE

엄마 엄마랑 달력을 넘기면서 단어를 찾아볼까? '나' 글자로 시작하는 말에는 무엇이 있을까?

아이 나비, 나물이 있어요.

엄마 '나'자로 시작하는 말을 떠올리면서 노래로 불러 볼까? 나나 나자로 시작하는 말 ~♪

응용하기

응용하면 더 재밌어요

| 찌릿찌릿 마음이 통해요 | 재료 : 모음카드

노트의 놀이 방법을 참고하여 아이와 함께 카드 놀이를 즐겨 보세요!

✪ 모음카드는 블로그 자료실에서 다운 받을 수 있어요.

NOTE

1. 두 사람이 각각 모음카드 한 묶음씩 손에 쥡니다.
2. 모음자 카드를 하나씩 고릅니다.
3. "하나 둘 셋!" 외치며 각자가 고른 모음 카드를 내려놓습니다. 이때 모음자의 이름도 함께 외칩니다.
4. 두 사람이 같은 모음자를 골랐으면 마음이 통했으므로 하이파이브를 합니다.
5. 서로 몇 번이나 마음이 통했는지 세어 봅니다.

: 자음과 모음으로 얼굴 꾸미기 :

5세 이상

교과서 활용 단계

과목 국어 **학년** 1학년 **단원** 2. 재미있게 ㄱㄴㄷ / 3. 다함께 아야어여
개념 자음자의 모양 알기 / 모음자의 모양 알기

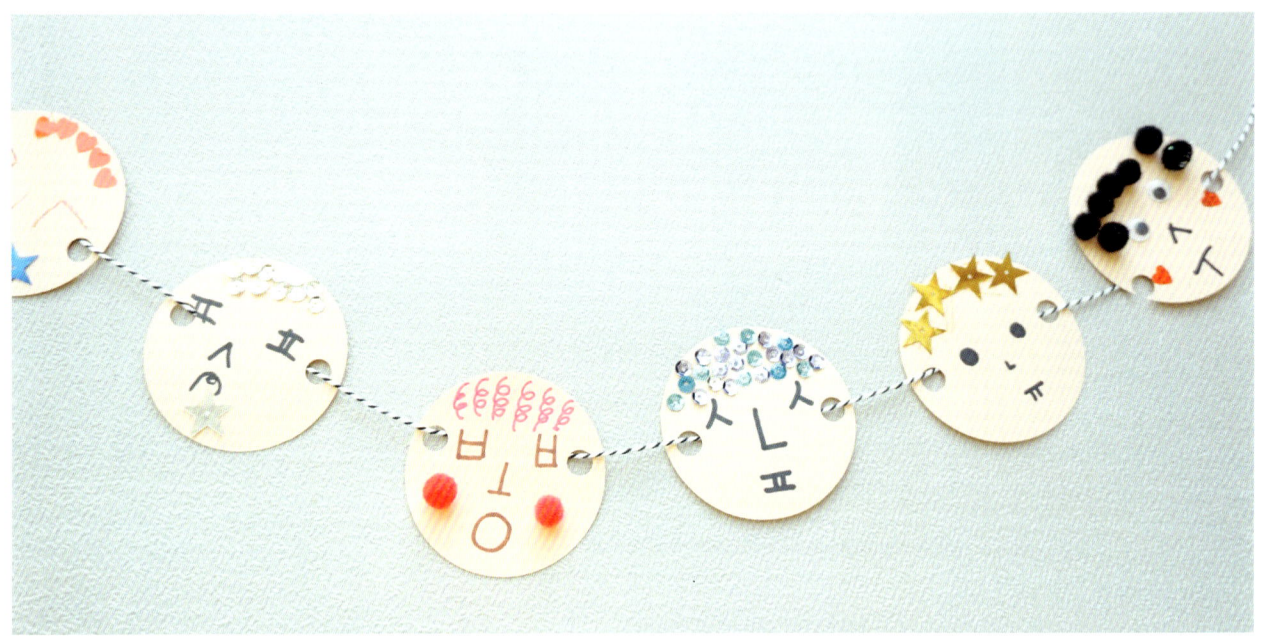

준비물

색지, 모양 펀치, 가위, 꾸미기 재료, 끈

자음자와 모음자의 모양을 익히고 이를 이용해서 우리 가족 얼굴 표정을 꾸미는 놀이입니다. 자음자와 모음자의 모양을 인지하는 데 도움을 줍니다.

놀이하기

놀면서 함께 배워요

: 들어가기 전에 : 글자가 큼직하게 쓰인 쉬운 그림책을 읽어 보며 한글에는 어떤 자모음이 있는지 살펴봅니다.

❶ 도화지를 둥근 모양 펀치로 펀칭합니다.

✦ 모양 펀치가 없다면 직접 가위로 둥글게 오립니다.

❷ 자음, 모음 모양을 이용해서 얼굴 표정을 그려 주고 다양한 꾸미기 재료로 꾸며 줍니다. 엄마와 함께 표정을 직접 흉내 내 봅니다.

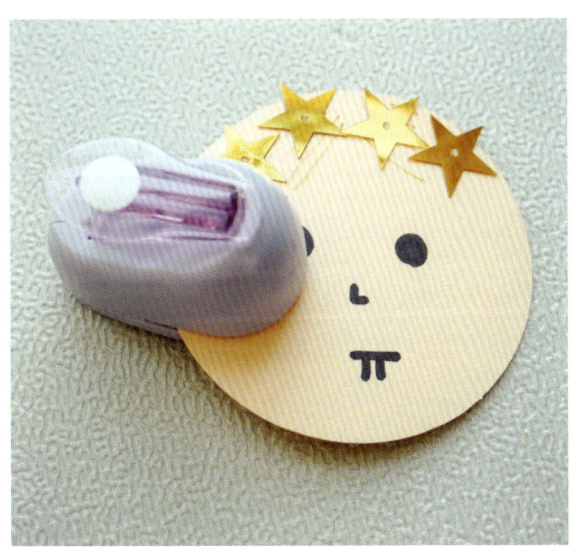

❸ 둥근 종이의 양 끝을 일공 펀치로 펀칭해 줍니다.

❹ 구멍에 끈을 통과시킨 뒤 벽에 매달아 장식해 주세요.

응용하기

응용하면 더 재밌어요

| 간질간질 몸 스케치북에 글자 쓰기 |

등, 손바닥, 발바닥, 배 등 몸 이곳 저곳을 스케치북이라고 생각하고 두 사람이 번갈아가며 자모음을 씁니다. 어떤 글자를 썼는지 알아 맞춰 보는 놀이입니다.

: 받침 있는 글자에 짝짝 :

6세 이상

교과서 활용 단계

| 과목 | 국어 | 학년 | 1학년 | 단원 | 6. 받침이 있는 글자 | 개념 | 받침이 있는 글자 짜임 알기 / 받침이 있는 글자 읽기 |

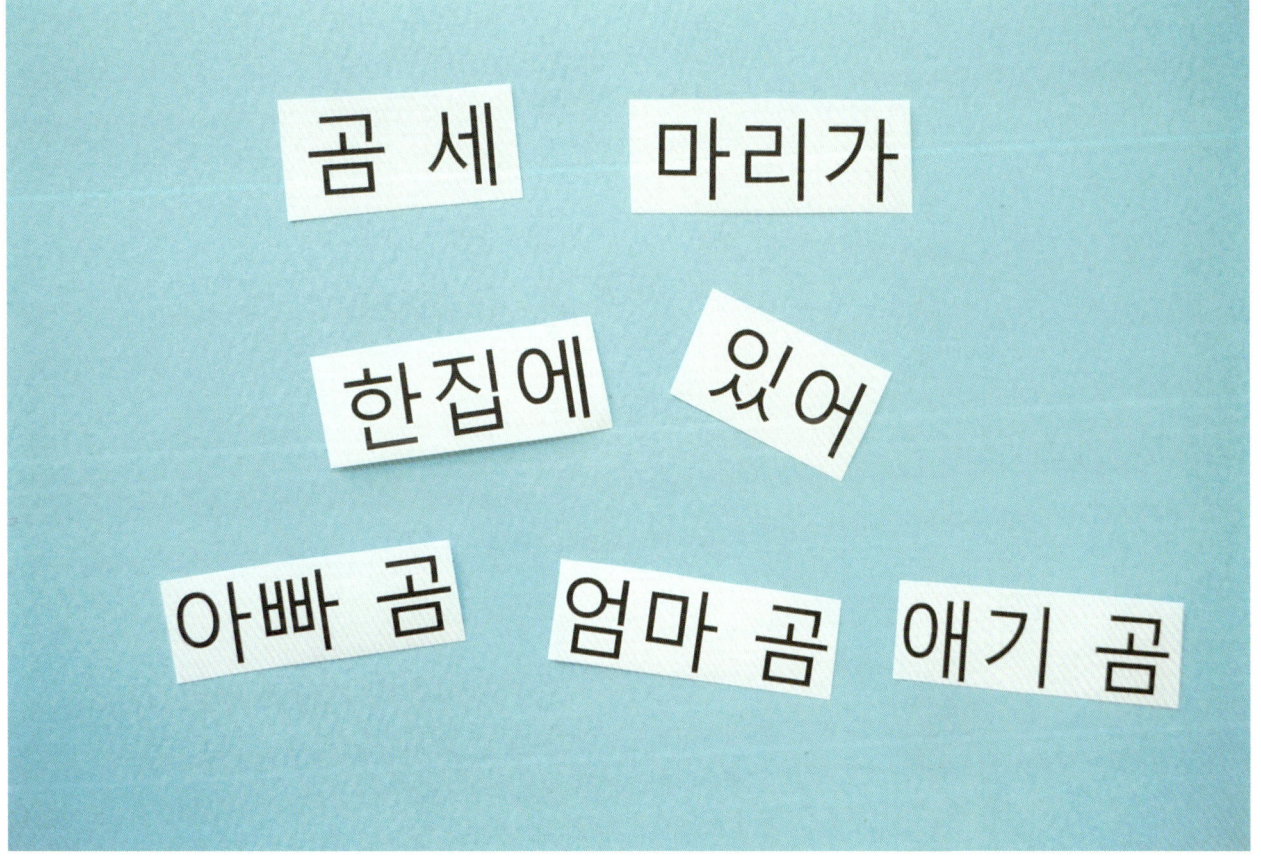

· **준비물**

스케치북, 펜, 가위

받침 없는 글자 읽기를 충분히 연습하였다면 받침 있는 글자를 익힐 차례예요. 이 놀이는 아이에게 익숙한 동요를 이용해서 받침 있는 글자를 반복해서 읽어 보고 익히도록 돕는 놀이예요.

Part 1. 말과 함께 생각도 늘어요 : 언어 발달 놀이 • **045**

놀이하기

놀면서 함께 배워요

들어가기 전에 : 아이가 평소에 좋아하는 짧고 쉬운 동요를 함께 불러 봅니다. (예 「곰 세 마리」, 「간다간다」, 「악어 떼」 등)

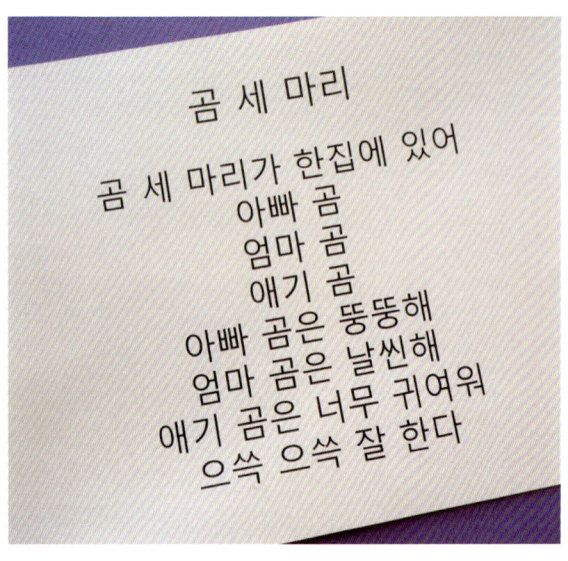

❶ 엄마가 동요의 가사를 스케치북에 적어 주거나 인쇄하여 준비합니다.

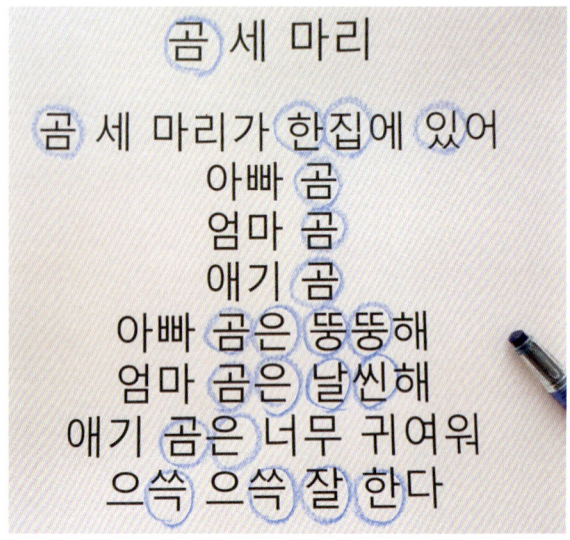

❷ 받침이 있는 글자에만 동그라미를 그려 봅니다.

✪ 엄마 : '곰'이라는 글자 아래쪽에 'ㅁ'이 있지? 이런 자음자를 받침이라고 해. 노래 가사 중에서 받침이 있는 글자에만 동그라미를 해 보자.

❸ 동요를 불러 보며 받침 있는 글자에만 박수치며 노래해 봅니다. (예 곰(짝) 세 마리가 한(짝) 집(짝)에 있(짝)어)

✪ 손으로 가사를 짚으며 노래를 반복해서 불러 봅니다.

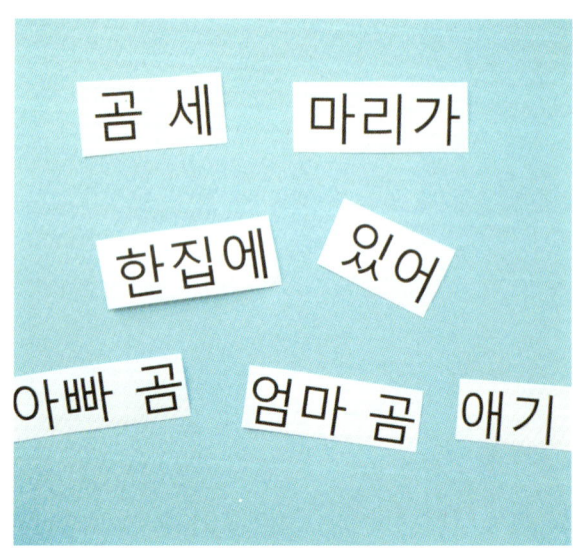

❹ 동요 가사를 이용해서 퍼즐을 만들어 봅니다. 스케치북에 쓴 동요를 조각조각 자른 뒤 순서를 뒤섞습니다. 뒤섞인 글자 조각으로 퍼즐을 맞추어 봅니다.

NOTE

문장이나 읽은 내용을 순서에 맞게 배열하는 것을 '지그소 읽기(Jigsaw reading)'라고 합니다. 낮은 수준에서는 의미 단위의 언어를 퍼즐조각처럼 맞추어 문장을 완성하는 활동을 할 수 있습니다. 높은 수준에서는 뒤섞인 문장을 알맞게 배열하여 하나의 이야기를 완성하는 활동도 가능합니다.

응용하기

응용하면 더 재밌어요

| 이름 받침 박수 놀이 |

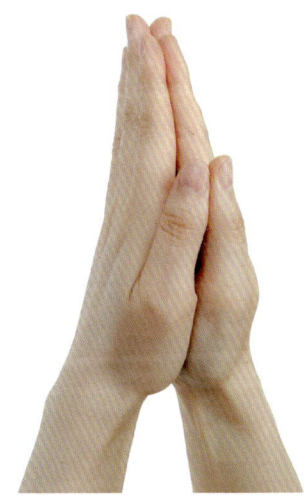

만약 '김지영 박수 시작!'이라고 외쳤다면 '김지영'이라는 이름에는 받침이 2개이므로 손뼉을 2번 짝짝 칩니다. 가족이나 친구 이름을 이용해서 이름 박수 놀이를 하며 받침을 익혀 봅니다.

NOTE

정윤슬 박수 시작 - 짝짝짝
정예슬 박수 시작 - 짝짝
이재규 박수 시작 - (받침이 없으므로 박수를 치지 않아요.)

: 릴레이 쪽지 보물찾기 놀이 :

6세 이상

교과서 활용 단계

`과목` 국어   `학년` 1학년   `단원` 4. 글자를 만들어요   `개념` 글자를 읽고 쓰기

 **준비물**

릴레이 쪽지 보물찾기 놀이예요. 한 번 하면 매일 하자고 조를 정도로 아이들이 좋아해요.

종이(또는 포스트잇), 연필

놀이하기

놀면서 함께 배워요

: 들어가기 전에 : 『오늘은 무슨 날?』(하야시 아키코 그림, 한림출판사)이라는 동화책을 함께 읽어 봅니다.

❶ 종이쪽지에 보물을 찾을 수 있는 장소를 씁니다. 포스트잇을 활용해도 좋아요.

❷ 쪽지 내용에 알맞게 집안 곳곳에 쪽지를 숨겨 놓습니다.

❸ 제일 마지막 장소에는 보물을 숨겨 둡니다. 엄마와 역할을 바꾸어 아이가 스스로 쪽지를 만들고 숨겨 보도록 합니다.

✪ 보물은 행동으로 할 수 있는 선물이나 간단한 간식을 준비해 두면 좋습니다. (예 업어 주기, 노래 불러 주기, 간질이기 등)

NOTE

점점 소리가 커지는 보물찾기

1. 집 안 곳곳에 인형이나 쪽지 등을 아이 몰래 숨겨 둡니다.
2. "시작" 소리와 함께 아이가 보물을 찾기 시작하면 엄마는 노래를 부릅니다.
3. 아이가 보물에 점점 가까워지면 노랫소리가 커지고 아이가 보물에서 멀어지면 노랫소리가 점점 작아집니다.
4. 엄마의 힌트를 들으며 보물을 찾습니다.
5. 역할을 바꾸어 다시 해 봅니다.

Part 1. 말과 함께 생각도 늘어요 : 언어 발달 놀이

: 시장에 가면 사과도 있고 :

 교과서 활용 단계

과목 국어　**학년** 2학년　**단원** 4. 말놀이를 해요　**개념** 말 덧붙이기 놀이

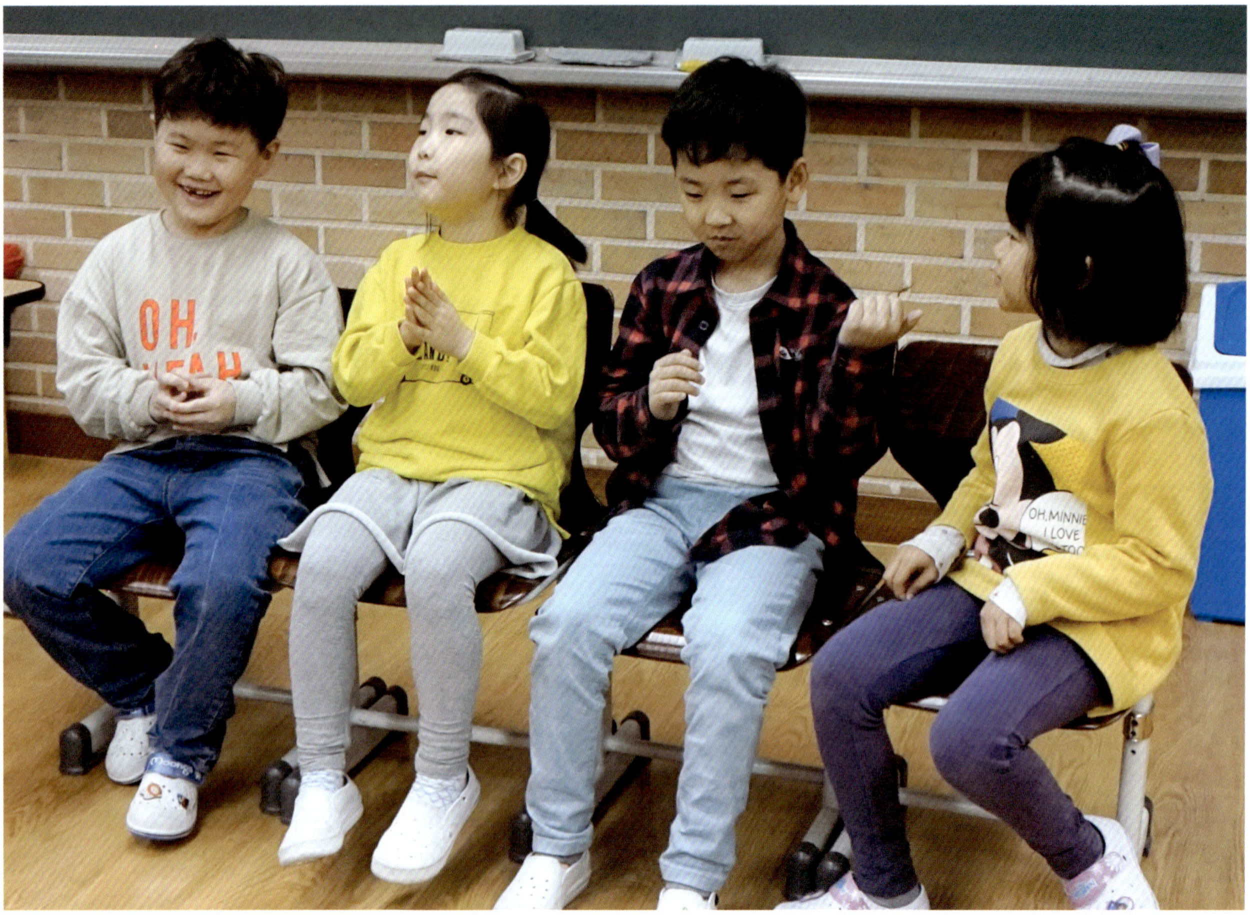

 **준비물**

없음

이 놀이는 시장에 가면 볼 수 있는 물건들에 대해 리듬감을 살려 말 덧붙이기를 하는 놀이입니다. 말놀이를 즐기면서 다양한 낱말을 익힐 수 있어요. 또한 앞사람이 말한 것을 다시 반복하지 않기 위해서는 순발력과 기억력이 필요합니다.

놀이하기

놀면서 함께 배워요

: 들어가기 전에 : 아이와 시장에서 본 물건들에 대해 이야기를 나누어 봅니다.

'시장에 가면 사과도 있고'

❶ 가족이나 친구들끼리 둘러 앉아 순서를 정합니다. 첫 번째 사람이 '시장에 가면 사과도 있고'라고 말합니다.

'시장에 가면 사과도 있고, 배추도 있고'

❷ 두 번째 사람이 '시장에 가면 사과도 있고'를 반복한 뒤에 '배추도 있고'처럼 다른 말을 덧붙입니다.

✪ 이때 앞사람이 말한 것은 다시 반복하지 않습니다.

'시장에 가면 사과도 있고, 배추도 있고, 오징어도 있고'

NOTE

당연하지 말 놀이

상대방이 묻는 말에 무조건 '당연하지!'라고 대답해야 하는 말 놀이예요. 엉뚱한 질문을 넣으면 더욱 재미있어요.

엄마 윤슬이는 엄마 사랑하지?
아이 당연하지, 엄마는 달리기만 하면 방귀를 뽕뽕 하지?
엄마 당연하지, 하늘을 나는 코끼리 본 적 있지?
아이 당연하지.

❸ 그다음 사람이 앞사람의 말을 반복하고 새로운 말을 덧붙여 놀이를 이어 나갑니다. 앞사람의 말과 다르게 하거나 다섯을 셀 때까지 새로운 말을 덧붙이지 못하면 차례가 넘어갑니다.

✪ 장소를 다음과 같이 바꾸며 다양한 말 놀이를 즐겨요.
유치원에 가면 / 마트에 가면 / 동물원에 가면 / 수족관에 가면 / 문구점에 가면 / 꽃밭에 가면 / 떡집에 가면

: 점토로 쓰는 내 이름 :

6세 이상

 교과서 활용 단계

과목 국어　**학년** 1학년　**단원** 6. 받침이 있는 글자　**개념** 받침이 있는 글자 읽기 / 받침이 있는 글자 쓰기 / 받침이 있는 글자로 놀이하기

 **준비물**

점토류(클레이, 폼클레이, 천사점토 등), 도화지, 연필, 목공풀, 풀(또는 셀로판테이프), 기타 꾸미기 재료.

아이들은 자신의 이름뿐 아니라 가족, 친구 이름에 유난히 관심이 많습니다. 이름을 점토로 조물조물 만들어 보면서 소리가 문자로 표현되는 것에 호기심을 가지도록 해 주는 놀이입니다.

놀이하기

놀면서 함께 배워요

: **들어가기 전에** : 가족들과 함께 「당신은 누구십니까」 동요를 함께 불러봅니다. 가족들의 이름에 담긴 뜻. 의미에 대해 이야기를 나누어 봅니다.

❶ 도화지를 반으로 접은 뒤 접은 선을 따라 대문 접기를 합니다. 종이가 4등분됩니다.

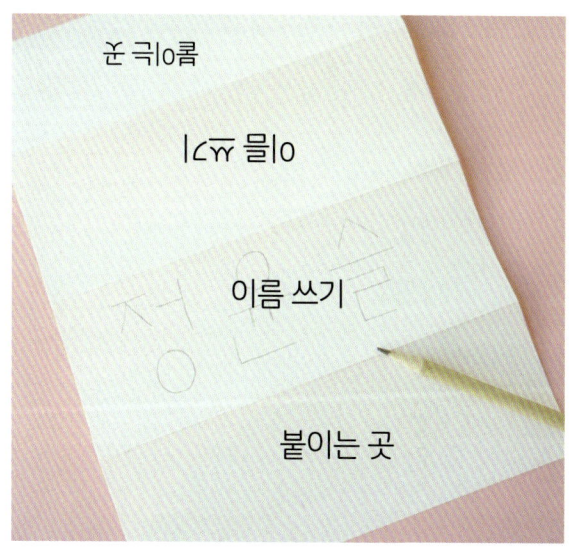

❷ 사진에서 두 번째 혹은 세 번째 칸에 연필로 이름을 희미하게 씁니다.

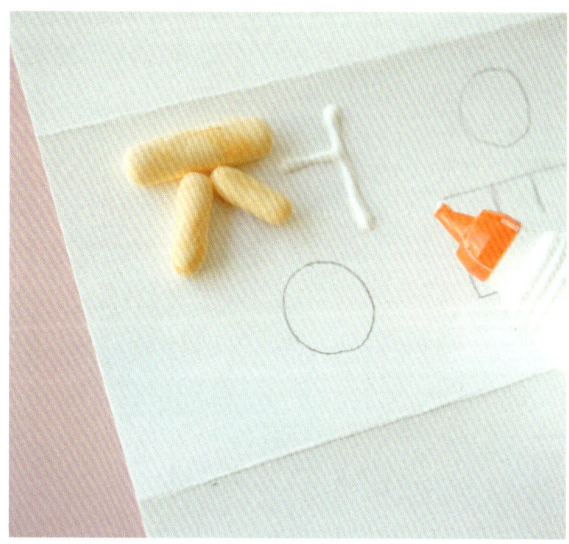

❸ 연필로 쓴 이름을 따라 목공풀을 바른 뒤 점토를 붙입니다.

❹ 글자 주변을 자유롭게 꾸며 줍니다.

Part 1. 말과 함께 생각도 늘어요 : 언어 발달 놀이 • **053**

놀이하기

놀면서 함께 배워요

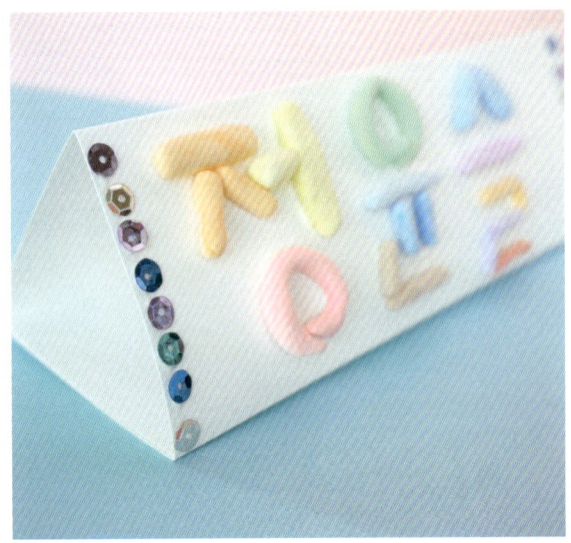

❺ 도화지를 삼각기둥 모양이 되도록 풀이나 테이프로 맞붙여 세워 줍니다.

❻ 점토에 콩이나 팥과 같은 곡물로 꾸며 주는 것도 재미있어요. 곡물을 넣을 때는 점토를 넉넉히 붙여야 잘 떨어지지 않아요.

응용하기

응용하면 더 재밌어요

| 쌀로 쓰는 내 이름 | 재료 : 쌀, 종이컵, 유성사인펜, 목공풀

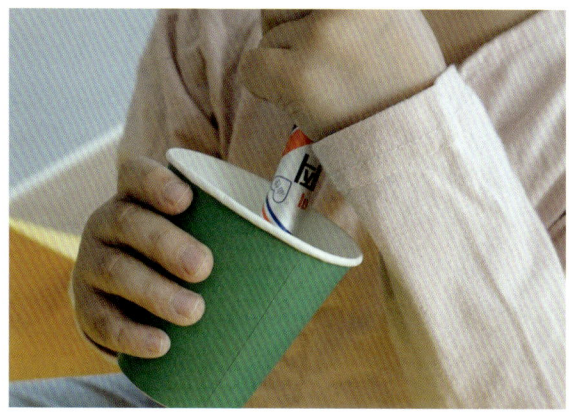

❶ 종이컵에 쌀을 한 줌 넣고 유성사인펜으로 휘휘 저어 염색해 줍니다.

❷ 도화지에 목공풀로 이름을 씁니다.

❸ 도화지에 염색한 쌀을 뿌리고 털어 냅니다.

❹ 다양한 색깔로 이름을 꾸며 봅니다.

❺ 염색한 쌀을 페트병에 넣으면 찰찰거리는 쌀 마라카스가 되요.

Part 1. 말과 함께 생각도 늘어요 : 언어 발달 놀이 • **055**

: 누가 언제 어디서 무엇을? :

7세 이상

교과서 활용 단계

과목 국어　**학년** 1학년　**단원** 7. 생각을 나타내요　**개념** 그림을 보고 문장 만들기 / 문장으로 말하기

 **준비물**

하드스틱, 유성사인펜(또는 라벨기)

직접 문장을 만들어 보면서 문장의 구조를 자연스럽게 익힐 수 있어요. 만들어진 문장으로 엄마와 이야기 짓기를 하며 상상 놀이도 할 수 있습니다.

놀이하기

놀면서 함께 배워요

: 들어가기 전에 : 오늘 하루 기억에 남는 일을 〈누가 언제 어디서 무엇을〉로 정리하여 말해 봅니다. 엄마가 먼저 시범을 보여 줍니다. (내가 오늘 아침 유치원에서 친구들과 노래를 불렀어요.)

❶ 하드스틱에 〈누가〉에 해당하는 말을 적어요. (예 엄마, 아빠, 할머니, 강아지, 동생 등)

✪ 유성사인펜으로 직접 적기, 견출지에 적어 붙이기, 라벨기로 출력해서 붙이기 등 다양한 방법으로 만들 수 있어요.

❷ 같은 방법으로 〈언제〉, 〈어디서〉, 〈무엇을〉에 해당하는 말을 떠올려 보고 적은 뒤 칸막이가 있는 상자에 담아 봅니다.

✪ 적절한 칸막이 상자가 없다면 우유팩 4개를 이어 붙여 만들 수 있어요.

NOTE

언제 : 2시, 작년, 지난 주, 일요일 등
어디서 : 수영장, 편의점, 유치원, 놀이터, 병원 등
무엇을 : 재채기를 하다, 춤을 추다, 엉덩이를 씰룩거리다 등

❸ 하드스틱을 하나씩 골라 뽑아 문장을 만들어 읽어 봅니다. 엉뚱한 문장이 나올수록 재미있어요. (예 아빠가 오늘 아침 놀이터에서 수영을 했어요.)

놀이하기

놀면서 함께 배워요

❹ 만들어진 문장을 시작으로 엄마와 번갈아가며 이야기를 지어 봅니다. 엉뚱한 문장으로 시작하면 이야기가 더욱 기발하고 재미있습니다.

- **아이** 할머니가 어제 유치원에서 춤을 추고 있었어요.
- **엄마** 그런데 할아버지가 헐레벌떡 유치원에 들어오는 게 아니겠어요.
- **아이** "아니 할멈 여기서 무얼 하고 있는 거요"라며 할머니의 손을 잡아당겼어요.
- **엄마** 할머니는 할아버지의 손을 뿌리치며 계속해서 춤을 추었어요.

: 도전! 골든벨을 울려라 :

7세 이상

 교과서 활용 단계

과목 국어　**학년** 1학년　**단원** 4. 글자를 만들어요　**개념** 글자를 읽고 쓰기

 **준비물**

화이트보드, 마카펜, 플라스틱 병뚜껑, 라벨기

TV 프로그램처럼 골든벨을 울리기 위해 엄마가 내는 퀴즈를 풀어 보는 놀이입니다. 화이트보드가 없다면 스케치북에 써 보는 것도 좋습니다. 어려운 문제를 내거나 지나치게 경쟁적인 분위기를 조성하는 것보다 한글 쓰기에 재미와 자신감을 북돋우는 놀이로 생각하는 것이 좋아요.

Part 1. 말과 함께 생각도 늘어요 : 언어 발달 놀이 • **059**

놀이하기

놀면서 함께 배워요

: 들어가기 전에 : 우리 가족과 관련된 O, X 문제를 즐겁게 풀어 봅니다. 맞다고 생각하면 화이트보드에 O를 표시하고 틀리다고 생각하면 X를 표시합니다.

❶ 병뚜껑에 여러 가지 단어를 넣어 단어 은행을 만듭니다. 동화책이나 국어사전을 참고해서 쓸 수 있어요.

❋ 아이에게 자신감을 심어 줄 수 있도록 수준에 맞는 단어로 준비해 주세요. 유성사인펜으로 직접 쓰거나 라벨기를 이용할 수도 있어요.

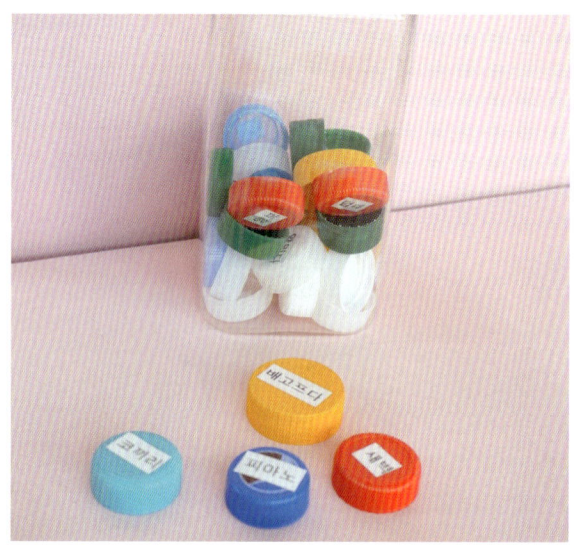

❷ 엄마가 단어 은행에서 단어를 하나 뽑습니다. 단어에 대해 여러 가지 단서로 설명합니다. 아이는 설명을 듣고 칠판에 정답을 적습니다.

❸ 3~5문제 가량 맞추면 골든벨을 울리게 됩니다. 골든벨을 울리면 축하하는 의미로 다함께 노래를 부르며 흥겨운 분위기를 만들어 주고 칭찬도 듬뿍 해 줍니다.

❋ 엄마와 아이가 역할을 바꾸어 놀이해 봅니다.

NOTE

엄마 문제가 남느냐!
유아 내가 남느냐!
엄마 도전!
유아 골든벨!
엄마 문제를 잘 듣고 정답을 써 주세요.
나는요~ 아침부터 저녁까지 째깍째깍 끊임없이 움직여요.
내 몸에는 여러 가지 긴 바늘도 있고 짧은 바늘도 있어요. 나는 누구일까요?

: 나만의 미니북 만들기 :

과목 국어   **학년** 1학년   **단원** 4. 글자를 만들어요   **개념** 글자를 읽고 쓰기

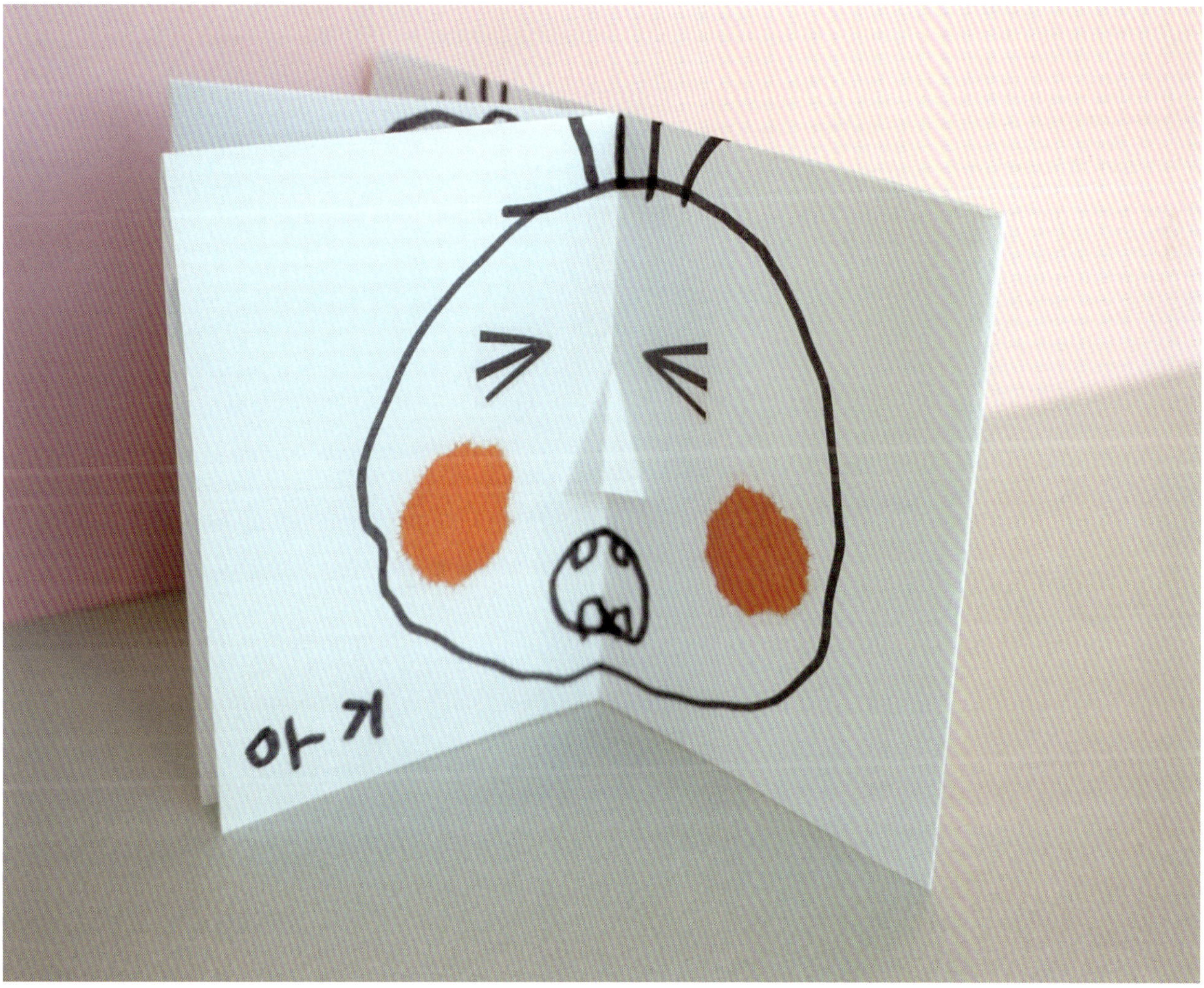

준비물

종이, 가위, 그리기 재료

아이들과 함께 직접 책을 만드는 활동을 '어린이 북아트'라고 합니다. 다양한 교과 주제에 활용할 수 있어 교육 현장에서 널리 쓰입니다. 어린이 북아트의 다양한 방법 중에서도 가장 기본이 되는 8쪽 기본 책(미니북) 만들기를 소개합니다.

놀이하기

: **들어가기 전에** : 아이와 함께 책 표지, 뒷면, 책날개 등을 자세히 살펴봅니다. 작가, 출판사, 바코드 등을 자세히 살펴봅니다. 책에 담고 싶은 내용, 표지를 꾸미는 방법에 대해 이야기 나누어 보고 직접 책 만들기를 해 봅니다.

❶ 종이를 길게 반으로 접었다 폅니다.

❷ 90도로 돌린 뒤 아래로 반 접습니다.

❸ 1장만 위로 올려 접습니다.

❹ 뒤집어서 같은 방법으로 위로 올려 접습니다.

NOTE

쪽 수가 정해지는 방법은 그림과 같습니다.

5쪽	4쪽	3쪽	2쪽
6쪽	7쪽	8쪽 (뒷표지)	1쪽 (앞표지)

놀면서 함께 배워요

❺ 실선으로 표시된 부분을 가위질 해 줍니다.

❻ 양쪽을 손으로 잡아 꺾어 내립니다.

❼ 표지가 앞면에 오도록 정리합니다.

❽ 완성한 미니북을 다양한 방법으로 꾸며 봅니다. 친구들 사진을 오려 붙여 친구 책 만들기, 국기 스티커를 붙여 꾸민 뒤 '나라 소개하는 책' 만들기, '그림과 함께 나를 소개하는 책' 만들기 등 아이의 수준과 관심사에 따라 다양하게 응용할 수 있어요. (예) 전단지를 오려 붙여 메뉴판 만들기)

Part 1. 말과 함께 생각도 늘어요 : 언어 발달 놀이 • **063**

응용하기

| 가족 얼굴 팝업북 만들기 |

❶ 종이를 세로로 반 접었다 폅니다.

❷ 이번엔 길게 반으로 접었다 폅니다.

❸ 종이의 양끝을 안쪽으로 대문 접기합니다.

❹ 사진에서 실선 부분에 가위질을 해 줍니다.

응용하면 더 재밌어요

❺ 점선을 따라 비스듬히 접어서 코 모양을 만든 뒤 종이를 모두 펼쳐 줍니다.

❻ 같은 방법으로 책을 완성합니다. 코가 앞으로 튀어나오도록 만든 뒤 가족들 얼굴을 꾸며 줍니다. 아이의 수준에 따라 가족들이 좋아하는 것, 생일 등도 자세히 적어 봅니다.

: 마음을 나타내는 감정사전 :

7세 이상

교과서 활용 단계

과목 국어　**학년** 2학년　**단원** 3. 마음을 나누어요　**개념** 마음을 나타내는 여러 가지 말을 알고 글에 나오는 인물의 마음을 말하기

준비물
낱말카드, 펜

감정사전 만들기는 아이와 함께 감정을 나타내는 다양한 어휘를 알아보고 카드를 직접 만들어 활용해 보는 놀이입니다. 카드를 이용해서 가족들과 감정에 대해 이야기를 나누어 보고 서로 공감해 주는 시간을 가져 보는 건 어떨까요.

놀이하기

놀면서 함께 배워요

: 들어가기 전에 : 인물의 마음이 잘 드러난 동화책을 읽고 마음을 나타내는 말은 어떤 것들이 있는지 이야기를 나누어 봅니다.

NOTE

행복하다 / 샘나다 / 뿌듯하다 / 실망하다 / 지루하다 / 두렵다 / 화나다 / 혼란스럽다 / 슬프다 / 편안하다 / 자랑스럽다 / 궁금하다 / 실망하다 / 감탄하다 / 외롭다 / 짜증나다 / 창피하다 / 미안하다 / 당황하다 / 억울하다 / 답답하다 / 설레다 / 울고 싶다 / 부끄럽다 / 편안하다 / 얄밉다 / 약 오르다 / 쓸쓸하다

❶ 낱말카드의 앞면에 마음을 나타내는 말을 써서 감정카드를 만듭니다.

✱ 시중에서 파는 암기카드(단어장 카드)를 활용하면 두께감이 있어서 좋아요. 또는 색지, 포스트잇 등의 종이를 이용해서 만들 수 있어요.

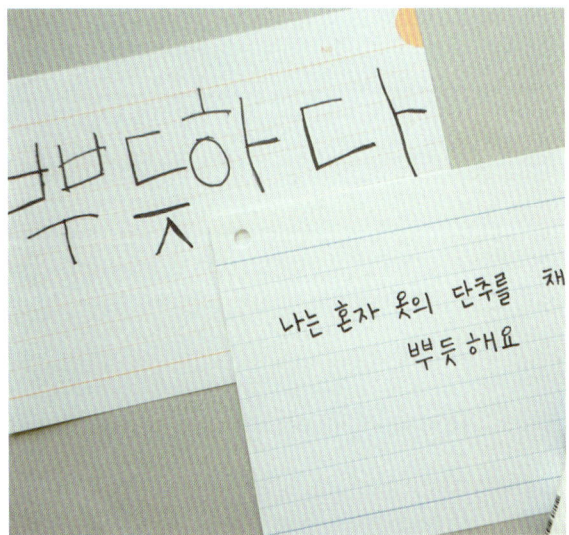

NOTE

뿌듯하다 - 나는 혼자 옷의 단추를 채워서 뿌듯해요.
행복하다 - 맛있는 떡볶이를 먹을 때 행복해요.
샘이 나다 - 엄마가 동생에게 뽀뽀해 줄 때 샘이 나요.
실망하다 - 나는 아이스크림을 바닥에 떨어뜨리면 실망해요.

❷ 카드 뒷면에는 국어사전에서 뜻을 찾아 적어 보거나, 언제 그런 마음이 드는지 예문을 만들어 써 봅니다. 그림으로 나타내어도 좋아요.

놀이하기

놀면서 함께 배워요

❸ 마음을 나타내는 말 알아맞히기 놀이를 해 봅니다. 감정 카드를 뒤집어 놓고 가족들이 돌아가며 마음카드를 하나씩 선택합니다. 카드를 선택한 사람은 카드에 어울리는 표정을 지어 봅니다. 또는 카드에 어울리는 상황을 설명합니다. 나머지 가족들은 마음을 나타내는 말을 알아맞혀 봅니다.

❹ 오늘 하루 나의 감정을 나타내는 카드를 여러 개 골라 보고 가족들과 돌아가며 이야기를 나누어 봅니다.

NOTE

예) 나는 오늘 수족관에 다녀왔어요. 수족관에 가는 동안 어떤 물고기들이 있을지 정말 (「궁금하다」카드) 궁금했어요. 수족관 입구에 들어갔을 때에는 빨리 물고기가 보고 싶어 (「설레다」카드) 설렜어요. 수족관에서 내가 보고 싶던 인어공주와 물범을 보아서 (「행복하다」카드) 행복했어요.

응용하기

응용하면 더 재밌어요

| 속상했던 마음에 반창고 붙여 주기 | 재료 : 도화지, 펜, 밴드(또는 테이프)

❶ 도화지에 큰 원이나 하트를 그리고 아이의 마음이라고 알려줍니다. 어떨 때 속상했는지 이야기 나누고 하트 모양 안에 써 봅니다.

❷ 상처 난 마음에 테이프나 밴드를 붙입니다. 이때 엄마가 아이의 마음에 공감하는 말을 해 줍니다. 특히 아이가 속상한 일을 겪고 난 직후 마음을 차분히 가라앉히고 활동을 하면 아이에게 큰 위로가 될 수 있습니다.

NOTE

- **엄마** 윤슬이가 소중하게 접은 종이접기를 동생이 찢어버려서 속상했구나. 그래서 눈물도 났고. 엄마도 열심히 만든 요리를 바닥에 쏟아 버린 적이 있는데 그때 윤슬이처럼 많이 속상했어.
- **아이** 엄마도 그런 적이 있어요?
- **엄마** 그럼. 그러면 이제 윤슬이가 접은 종이접기를 동생이 찢지 못하도록 하려면 어떻게 하는 게 좋을까?
- **아이** 동생 손이 닿지 않는 책상에 잘 올려 둘 거예요.
- **엄마** 그래 그게 좋겠다. 윤슬이의 속상한 마음이 이제 아프지 않게 하트 그림에 밴드를 붙여 주고 호 불어 주자.

Part 1. 말과 함께 생각도 늘어요 : 언어 발달 놀이 • **069**

아이들의 호기심을 충족시킬 수 있는 그림자 놀이,
얼음 속에 갇힌 장난감을 탈출시키기, 각설탕을 녹이며 놀기,
밀가루로 비밀 그림을 그려 보기 등을 통해
수학과 과학의 재미를 아이가 느끼도록 도와줍니다.

PART 2

호기심과 함께 수 개념도 늘어요

: 수학 / 과학 발달 놀이

: 얼음 장난감 탈출 놀이 :

전 연령

교과서 활용 단계

과목 과학 **학년** 4학년 **단원** 2. 물의 상태 변화 **개념** 얼음이 녹는 까닭 알기

준비물

플라스틱 재활용 용기, 장난감, 얼음

물속에 장난감을 넣고 꽁꽁 얼린 뒤 다시 녹여 보는 놀이예요. 어린 아이와는 단순히 얼음을 만지는 것만으로도 즐거운 촉감 놀이가 됩니다. 좀 더 큰 아이와는 얼음이 녹는 상태 변화 과정을 관찰하며 이야기를 나누어 보세요.

놀이하기

놀면서 함께 배워요

: 들어가기 전에 : 아이와 얼음을 관찰해 본 경험을 이야기 나누어 봅니다.

❶ 재활용 용기에 장난감과 물을 넣어 꽁꽁 얼립니다. 떠 먹는 요구르트 용기나 이유식 용기를 이용하면 좋아요.

✿ 다음과 같은 대화를 하면 좋아요.
  엄마 : 장난감을 넣은 물을 냉동실에 넣으면 어떻게 될까?
  아이 : 그냥 차가운 물이 될 것 같아요. / 꽁꽁 얼어서 얼음이 될 것 같아요. / 장난감이 녹을 것 같아요.

❷ 얼음이 얼면 용기에서 얼음을 꺼냅니다. 꽁꽁 언 얼음을 만지며 촉감을 느껴 봅니다.

❸ 따뜻한 물을 컵에 담아 부어 보거나 드라이기로 따뜻한 바람을 쏘입니다. 얼음을 그냥 두었을 때와 어떻게 다른지 이야기를 나누어 봅니다.

✿ 드라이기의 뜨거운 바람에 화상을 입지 않도록 주의하세요.

NOTE

- 엄마 : 그냥 둔 얼음과 드라이기로 쏘인 얼음 중에 어떤 것이 더 작아졌을까?
- 아이 : 그냥 둔 얼음도 작아졌지만 드라이기로 쏘인 얼음이 더 작아졌어요.
- 엄마 : 드라이기 열 때문에 얼음이 너무 더웠나 보다. 단단한 얼음에서 물이 되었네.

얼음이 녹는 까닭은 더운 바람 때문에 얼음 주변의 온도가 높아졌기 때문입니다. 물과 얼음이 온도에 따라 상태가 변하는 것처럼 물질의 상태가 변하는 것을 상태 변화라고 합니다.

응용하기

| 색깔 얼음 녹이기 | 재료 : 물감(또는 식용 색소), 얼음 틀

❶ 다양한 모양의 얼음 틀에 색소, 주스 등을 섞은 물을 넣고 얼려 봅니다.

✿ 시중에 판매하는 꽃, 동물, 공룡 등 다양한 모양의 얼음 틀을 활용하면 좋아요.

❷ 다른 그릇에 따뜻한 물을 준비한 뒤 색깔 얼음을 넣어 봅니다. 이때 플라스틱 집게를 이용하면 아이가 더욱 즐거워합니다.

✿ 전기 주전자로 끓였다 식힌 물을 이용하면, 얼음이 빠르게 녹는 모습을 관찰할 수 있어요. 충분히 식었는지 엄마가 꼭 확인하여 다치지 않도록 주의합니다.

❸ 아이와 색깔 얼음이 물에 녹는 모습도 관찰하며 이야기를 나누어 봅니다.

: 종이컵에 가득가득 :

6세 이상

교과서 활용 단계

과목 수학　**학년** 1학년　**단원** 1. 9까지의 수　**개념** 9까지의 수 알아보기

준비물

종이컵 18개, 펜, 단추 또는 바둑알 100개 정도

가위바위보를 통해 종이컵에 해당 숫자만큼 단추를 채우는 놀이입니다. 숫자 5에 단추를 2개와 3개로 놓아 보기도 하고 1개와 4개로 놓아 보기도 하며 수의 합성과 분해를 다양한 방법으로 경험하도록 도와줍니다.

놀이하기

놀면서 함께 배워요

들어가기 전에: 단추를 손에 한 주먹 쥐고 몇 개가 들어 있을지 맞춰 봅니다.

❶ 엄마와 아이가 각각 9개의 종이컵에 1~9까지의 숫자를 써서 준비합니다.

❷ 엄마와 아이가 가위바위보를 합니다. 가위로 이기면 2개, 바위는 3개, 보는 5개의 단추를 가져와 종이컵을 채웁니다.

❸ 9개의 종이컵에 단추를 먼저 다 채운 사람이 이깁니다.

NOTE

- **엄마** 엄마가 바위로 이겼으니 단추 3개를 가져올게. 1번 종이컵에 1개를 먼저 넣고 나머지 2개는 2번 종이컵에 넣어야지.
- **아이** 저는 가위로 이겼으니 5번 종이컵에 2개 넣을래요.
- **엄마** 좋은 방법이네. 윤슬이 5번 종이컵에 단추 3개가 더 있어야겠구나.

응용하기

| 병뚜껑 숫자 빙고 | 재료 : 유성사인펜(또는 네임펜), 플라스틱 병뚜껑, 종이

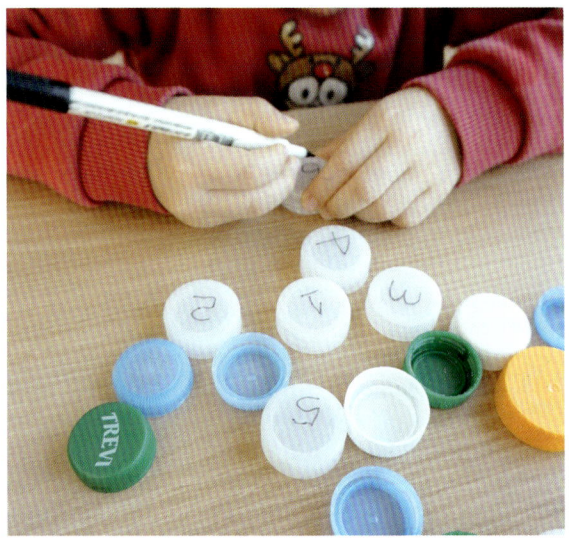

❶ 플라스틱 병뚜껑에 유성사인펜으로 1~9까지의 숫자를 씁니다. 두 사람이 각자 한 세트씩 만듭니다.

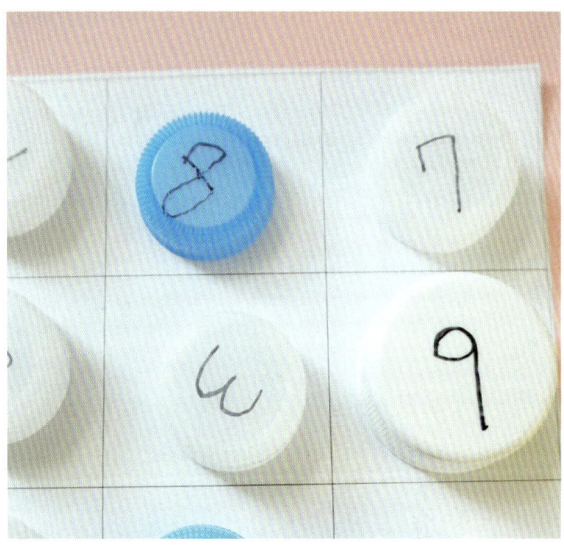

❷ 3X3의 빙고판을 만들어 숫자 병뚜껑을 자유롭게 채웁니다.

❸ 가위바위보를 하여 이긴 사람부터 차례로 숫자를 말하며 병뚜껑을 빼냅니다. 가로, 세로, 대각선 등으로 3줄이 먼저 만들어지면 "빙고!"라고 외칩니다.

NOTE

시중에 판매하는 문구용 숫자 스티커를 활용해서도 간단히 빙고 놀이를 할 수 있어요.

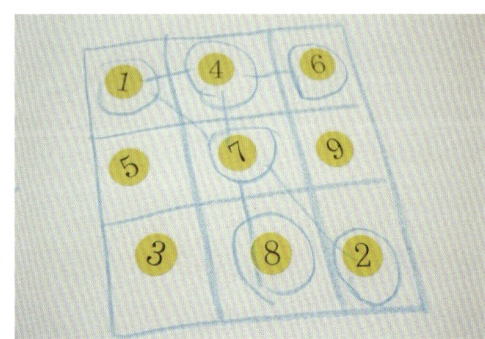

: 반짝반짝 빛으로 놀아 보자 :

4세 이상

 교과서 활용 단계

| 과목 | 과학 | 학년 | 4학년 | 단원 | 3. 거울과 그림자 | 개념 | 그림자가 생기는 까닭 / 그림자의 크기 변화 |
| 과목 | 미술 | 학년 | 3학년 | 단원 | 10. 색과 빛 | 개념 | 빛의 아름다움 |

 **준비물**

손전등(또는 휴대폰의 손전등 어플), 다양한 인형 또는 장난감

아이가 깜깜한 밤을 무서워한다면 함께 손전등으로 이리저리 그림자를 만들어 보는 건 어떨까요. 손으로 재미있는 모양의 그림자도 만들어 보고, 다양한 물건도 비춰 보는 놀이예요.

놀이하기

놀면서 함께 배워요

:들어가기 전에: 그림자를 본 경험이나 느낌에 대해 이야기를 나누어 봅니다.

❶ 손전등(또는 휴대폰의 손전등 어플)을 벽에 이리저리 비춰 봅니다. 손으로 동물이나 새 등의 모양을 만들어 서로 맞추어 봅니다.

❷ 그림자의 크기 바꾸기 놀이를 해 봅니다. 물체와 손전등 사이의 거리가 멀게 해 봅니다.

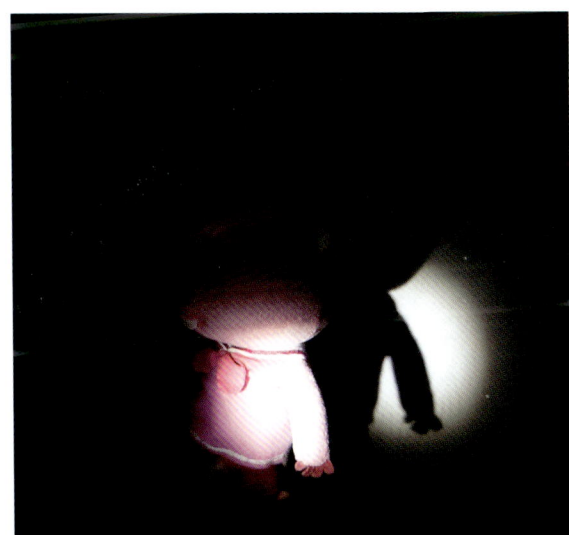

❸ 물체와 손전등의 사이를 가깝게 옮겨 보며 거리에 따라 그림자 크기가 어떻게 바뀌는지 이야기 나눠 봅니다.

: 주사위 땅따먹기 :

6세 이상

교과서 활용 단계

과목 수학　**학년** 1학년　**단원** 1. 9까지의 수　**개념** 1 큰 수와 1 작은 수 알기

준비물
주사위, 스케치북, 색연필

주사위를 던져서 나온 수에서 하나 더 큰 수 또는 하나 더 적은 수만큼 땅을 차지하는 땅따먹기 변형 놀이입니다. 해당 숫자만큼 칸을 직접 색칠하는 과정을 통해, 수에 대한 감각을 키우는 데 도움을 줍니다.

놀이하기

놀면서 함께 배워요

: 들어가기 전에 : 주사위가 어떻게 생겼는지, 어떤 그림이 있는지 함께 살펴봅니다.

❶ 스케치북에 16~30개 정도의 칸으로 놀이판을 그립니다.

✪ 아이가 칸 그리는 것을 어려워한다면 종이를 접어서 칸을 표시합니다.

❷ 엄마와 아이가 순서를 정해 차례로 주사위를 굴립니다. 주사위를 던져서 나온 수보다 1 큰 수만큼 칸에 색칠합니다. 이때 엄마와 아이는 서로 다른 색연필로 칠합니다.

✪ 주사위를 굴려서 나온 수보다 1 큰 수 대신에 1 작은 수, 2 큰 수 등으로 다양하게 응용해 봅니다.

❸ 칸이 모두 채워지면 더 많은 땅을 차지한 사람이 이기게 됩니다.

✪ 색칠하는 활동 대신 스티커 붙이기나 도장 찍기 등으로 대체할 수 있어요.

NOTE

2번 대화

엄마 주사위를 굴려서 2가 나왔네? 그럼 2보다 1 큰 수는 무얼까?

아이 3이요.

엄마 맞아. 엄마는 세 칸만큼 빨간색으로 칠할게.

아이 저는 주사위가 4가 나왔어요. 4보다 1 큰 수는 5니까 다섯 칸을 하늘색으로 칠할게요.

3번 대화

엄마 엄마가 칠한 빨간색 칸이 몇 개 나왔는지 세어 볼까? 엄마는 8개만큼 땅을 차지했구나.

아이 제가 칠한 하늘색은 아홉 칸이에요. 제가 엄마보다 한 칸 더 차지했으니 승리!

응용하기

| 문어 다리 가져오기 놀이 | 재료 : 종이접시, 꾸미기 재료, 색지, 스티커, 펜, 주사위

❶ 종이접시를 반으로 잘라 꾸미기 재료로 꾸며 줍니다.

❷ 색지를 길게 잘라 셀로판테이프로 붙여 줍니다. 다리의 빨판에 사진과 같이 1~8까지 스티커를 붙여 주고 개수만큼 숫자도 써 줍니다.

✿ 놀이를 위해 셀로판테이프를 헐겁게 붙여 줍니다.

❸ 엄마와 아이가 주사위를 번갈아 던집니다. 주사위를 던져서 나온 수보다 1 큰 수를 상대방 다리에서 가져옵니다.

✿ 책상에서 주사위가 떨어지면 '낙'이라고 정하고 1이나 8을 가져옵니다. 또 상대방에게 내가 원하는 숫자의 다리가 없을 때에는 주사위를 다시 굴립니다.

❹ 10번 정도 진행한 후 서로의 문어에 남아 있는 문어의 빨판 개수를 모두 세어 보고 누구의 빨판이 더 많은지 비교해 봅니다.

: 쫀득쫀득 녹말 촉감 놀이 :

전 연령

과목 과학 **학년** 5학년 **단원** 3. 식물의 구조와 기능 **개념** 광합성을 통하여 식물의 잎에서 양분이 만들어짐을 설명하기

준비물

녹말가루, 물, 넓은 그릇, 체

생활에서 흔히 보는 녹말가루를 이용한 촉감 놀이예요. 뒷정리를 편하게 하고 싶다면 모래놀이매트, 김장매트, 김장비닐, 식탁 테이블 비닐 등 시중에 판매하는 다양한 방수용품을 이용해 보세요.

놀이하기

: 들어가기 전에 : 감자나 고구마의 단면을 잘라 아이와 관찰해 봅니다. 하얀 물이 조금씩 나오는 것을 볼 수 있어요. 이 하얀 물을 모아 만든 것이 '녹말'이라고 아이에게 알려 주세요.

❶ 녹말가루를 즐겁게 탐색해 봅니다. 밀가루와는 달리 뽀드득뽀드득 소리가 납니다.

✿ 체를 이용해서 가루를 내리면 고운 가루를 만져 볼 수 있어요.

❷ 녹말가루에 물을 서서히 넣어 반죽을 만들어 주세요. 반죽에 순간적으로 힘을 가하면 단단해졌다가 손을 펼치면 주르륵 흘러내립니다.

✿ 물을 한꺼번에 너무 많이 넣으면 잘 뭉쳐지지 않아요. 조금씩 반죽의 상태를 살펴 가며 넣어 주세요.

응용하기

응용하면 더 재밌어요

| 조물조물 밀가루 반죽 놀이 | 재료 : 밀가루, 넓은 그릇, 쿠키 틀(또는 밀대)

❶ 밀가루를 탐색해 보고 물을 조금씩 부어가며 반죽을 만듭니다. 이때 오일류를 몇 방울 떨어뜨리면 손에 묻지 않고 반죽 놀이를 할 수 있어요.

❷ 반죽을 쿠키 틀로 찍거나 밀대로 밀어 봅니다.

| 쌀 촉감 놀이 | 재료 : 쌀, 플라스틱(또는 스테인리스) 그릇

❶ 가정에 있는 주방 소품을 이용해서 쌀 소꿉 놀이를 해 봅니다.

❷ 플라스틱이나 스테인리스 물건 위에 쌀을 떨어뜨리며 소리를 들어봅니다.

: 흔들흔들 오뚝이 만들기 :

5세 이상

`과목` 과학　`학년` 4학년　`단원` 1. 무게 재기　`개념` 물체의 무게에 따라 수평을 잡는 방법이 다름

 **• 준비물**

테이프 속심, 시트지 또는 색종이, 다 쓴 건전지 (또는 구슬), 가위, 색지, 그리기 재료, 셀로판테이프(또는 글루건)

다 쓴 테이프의 속심에 구슬과 같은 무거운 물건을 붙여 직접 오뚝이를 만들어 보는 놀이예요.

놀이하기

놀면서 함께 배워요

: **들어가기 전에** : 집게손가락 위에 자를 올려놓고 천천히 손가락을 모아 봅니다. 자가 떨어지지 않고 수평이 되는 점을 찾을 수 있어요. 그 지점이 바로 자의 무게중심입니다.

❶ 다 쓴 테이프 속심을 찾아서 준비합니다.

❷ 색종이, 시트지, 스티커 등으로 간단히 꾸며 봅니다.

❸ 두꺼운 색지를 반으로 접어 곰의 얼굴을 그린 후 오립니다. 완성된 곰 얼굴을 테이프 속심에 목공풀이나 양면테이프를 이용해 붙여 줍니다.

❹ 테이프 속심을 살짝 흔들어 봅니다. 무게중심이 없어 옆으로 쓰러집니다.

❺ 테이프 속심 안에 무거운 물건(구슬, 폐건전지, 나사, 동전 등)을 테이프나 글루건으로 붙입니다. 쓰러져도 다시 일어서는 오뚝이가 완성됩니다.

✿ 구슬을 붙이면 그곳이 무게중심이 되어 옆으로 굴러도 다시 일어서게 됩니다.

응용하기

응용하면 더 재밌어요

| 뽑기 통으로 만드는 오뚝이 | 재료 : 빈 뽑기 통, 유성사인펜, 구슬(또는 동전), 글루건(또는 셀로판테이프)

아이들이 좋아하는 뽑기 놀이 후 빈 캡슐 모양 케이스를 이용해서도 오뚝이를 만들 수 있어요.

❶ 빈 뽑기 통을 스티커와 유성사인펜으로 꾸며 줍니다.

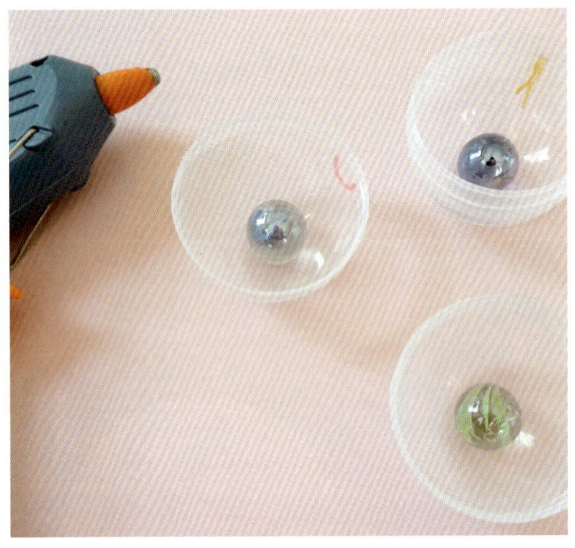

❷ 뽑기 통을 열어 아래 칸에 구슬, 동전 등의 무거운 물건을 글루건이나 셀로판테이프를 이용해 붙여 줍니다.

❸ 뽑기 통 뚜껑 부분을 닫아 줍니다. 손으로 살짝 쓰러뜨리면 다시 일어나는 오뚝이가 완성됩니다.

: 수 카드 뒤집기 :

6세 이상

과목 수학　**학년** 1학년　**단원** 1. 9까지의 수　**개념** 수의 순서 알기

종이, 펜

수는 크기나 개수를 나타낼 뿐만 아니라 순서를 나타내기도 합니다. 1부터 9까지의 카드를 늘어놓으며 수의 순서를 익히도록 돕는 놀이입니다. 10 이상의 수를 익힐 때에도 응용하여 놀이할 수 있어요.

Part 2. 호기심과 함께 수 개념도 늘어요 : 수학 / 과학 발달 놀이 • **089**

놀이하기

: 들어가기 전에 : '하나 하면 할머니가 잘잘잘' 동요를 불러봅니다.

❶ 1~9까지의 수를 쓴 종이를 두 세트 준비합니다.

❷ 카드를 잘 섞어 뒤집은 채 책상에 늘어놓습니다.

❸ 먼저 시작하는 사람이 카드를 하나 뒤집습니다. 이때 카드의 숫자가 1이면 가져오고, 1이 아니면 다시 뒤집어 놓습니다.

✿ 포크나 뒤집개 같은 도구를 이용하면 더 재미있게 할 수 있어요.

❹ 위와 같은 방법으로 1, 2, 3, 4…9까지의 숫자를 순서대로 먼저 모으는 사람이 승리합니다. 9보다 더 큰 수를 익힐 때도 응용할 수 있습니다.

: 나는 패턴 디자이너 :

5세 이상

교과서 활용 단계

과목 수학   **학년** 1학년   **단원** 6. 규칙 찾기   **개념** 물체에서 다양한 규칙 찾기 / 자신이 정한 규칙에 따라 물체를 배열하기

준비물

도화지, 스팡클, 목공풀, 색종이, 끈, 테이프

생활 속에서 찾은 규칙을 바탕으로 스스로 규칙을 만드는 놀이를 소개합니다. 색종이를 이용해 간단히 패턴 가랜드를 만들어 보아요.

놀이하기

놀면서 함께 배워요

: **들어가기 전에** : 엄마와 아이가 서로 번갈아가며 바둑알을 이용해 규칙 찾기 문제를 내고 맞추어 봅니다.

❶ 색종이를 반으로 세모 모양으로 접습니다.

❷ 반으로 접은 종이를 펴고, 다시 사진과 같이 양 모서리를 가운데로 모아 접습니다.

❸ 끈을 통과시키고 세모 모양 부분을 올려 접습니다. 접은 부분을 테이프로 고정시킵니다.

❹ 같은 방법으로 여러 장 만들어 패턴으로 꾸며 완성합니다.

응용하기

| 색지를 이용한 패턴 고리장식 만들기 |

❶ 색지를 길게 잘라 줍니다.

❷ 잘라 낸 색지 중 하나를 동그랗게 말아 풀로 붙여 줍니다.

❸ 다른 잘라 낸 색지를 끼우듯이 넣고 동그랗게 말아 풀로 붙여 줍니다.

❹ 색깔 패턴을 생각하며 위와 같은 방법으로 길게 만들어 줍니다.

❺ 길게 만들어 벽에 늘어뜨리듯이 붙여 주면 멋진 벽 장식품이 됩니다.

❻ 색종이로 고리를 만들어 둥글게 이어 주면 목걸이를 만들 수도 있어요.

: 알록달록 장미 물들이기 :

4세 이상

교과서 활용 단계

과목 과학　**학년** 5학년　**단원** 3. 식물의 구조와 기능　**개념** 줄기의 구조와 기능 알기

준비물

식용색소, 흰 장미꽃(또는 흰 카네이션, 흰 백합), 유리컵, 물, 나무젓가락

이 놀이는 식용색소를 이용해 흰 장미꽃의 색깔을 바꾸어 보는 놀이예요. 꽃집에서 흰 장미꽃을 한 송이 사서 멋지게 사진도 찍고, 향기도 맡아 보세요.

놀이하기

들어가기 전에 : 장미꽃을 관찰해 본 경험을 이야기 나누어 봅니다.

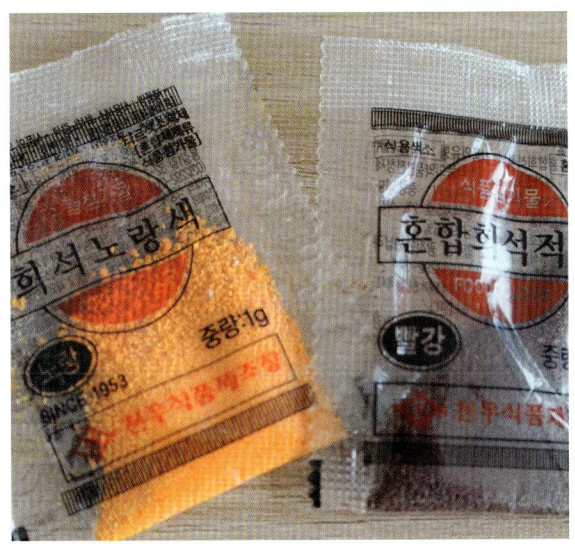

❶ 식용색소를 준비합니다.

★ 식용색소는 베이킹 재료를 파는 곳이나 화방에서 구할 수 있어요. 물감이나 잉크로는 실험이 되지 않으니 반드시 색소를 이용해 주세요.

❷ 물이 담긴 유리컵에 식용색소를 넣고 젓가락으로 저어 줍니다.

❸ 색소를 녹인 물에 장미를 꽂고 어떻게 변하는지 관찰해 봅니다.

❹ 흰 장미꽃의 색깔이 변하는 모습을 관찰해 봅니다. 약 3시간이 지난 모습입니다.

놀이하기

놀면서 함께 배워요

❺ 시간이 지남에 따라 변화하는 모습을 관찰합니다. 약 8시간이 지난 모습입니다.

❻ 약 20시간이 지난 후 자세히 관찰해 봅니다.

✪ 줄기 속에는 물이 지나가는 통로인 물관이 있습니다. 뿌리에서 흡수한 물은 줄기 속 물관을 통하여 식물 전체로 이동하게 됩니다. 아이와 함께 직접 줄기를 잘라 물관의 단면을 관찰해도 좋습니다.

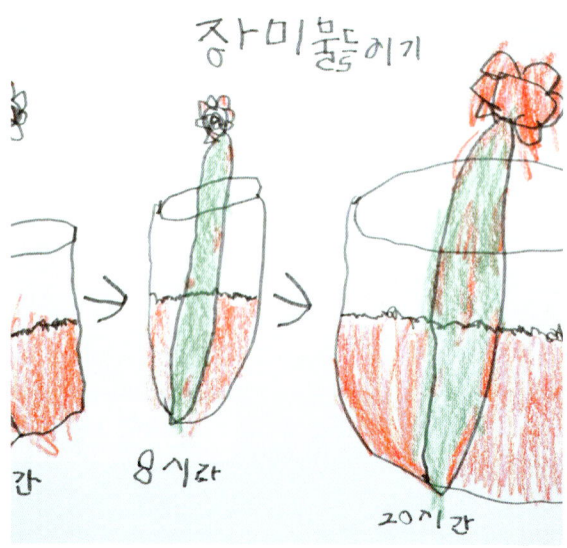

❼ 관찰한 장미꽃을 그림으로 표현해 보고 엄마와 이야기 나누어 봅니다.

✪ 유튜브에 《EBS why – 최고다! 호기심 딱지》의 '무지개 꽃으로 변신' 편을 검색하면 실험 과정과 원리를 동영상으로 시청할 수 있어요.

NOTE

3번 대화

- 엄마: 흰 장미꽃이 어떻게 될까?
- 아이: 색소물이 닿은 줄기 부분만 빨간색으로 변할 것 같아요. / 아무것도 변하지 않을 것 같아요. / 잎 부분만 색깔이 변할 것 같아요.
- 엄마: 색깔 요정이 되어 주문을 외어 볼까? 수리수리마수리, 시간이 많이 지날 때까지 기다려 보자.

4번 대화

- 엄마: 장미꽃이 어떻게 변한 것 같니?
- 아이: 흰꽃이 점점 진한 빨간색이 되었어요. / 초록색 줄기에도 빨간색 무늬가 보여요.
- 엄마: 줄기에 물이 지나가는 길이 있어서 빨간 색소물이 지나갔나봐. 꽃잎 끝까지 빨간 물을 전해 준 것 같네.

응용하기

응용하면 더 재밌어요

| 물 위에서 종이꽃이 활짝 | 재료 : 색지, 가위, 그릇, 물

❶ 색지에 꽃잎 모양을 그리고 가위로 오려 줍니다. 꽃 모양 펀치를 이용해도 좋아요.

❷ 꽃잎을 가운데로 오므리듯이 접어 줍니다.

❸ 물 위에 꽃잎을 살짝 올려 봅니다. 종이꽃이 천천히 피는 모습을 관찰할 수 있어요.

NOTE

모세관 현상

모세관 현상이란 액체 속에 폭이 좁고 긴 관을 넣었을 때, 액체가 관을 따라 올라가거나 내려오는 현상입니다. 식물체 내부에는 뿌리에서 줄기를 거쳐 잎까지 연결된 물관이 있다는 걸 장미 물들이기를 통해 이해했을 거예요. 식물 속 물관은 눈으로 보기 힘들 정도로 매우 작기 때문에 모세관 현상으로 물을 끌어 올리는 힘이 생기는 것입니다.

종이꽃이 활짝 피는 것도 모세관 현상과 관련이 있습니다. 종이에는 가늘고 긴 실모양의 섬유조직이 있습니다. 이 섬유가 물기를 머금으면서 점점 꽃잎이 펴지게 됩니다.

: 달걀판 채우기 :

 교과서 활용 단계

과목 수학 **학년** 1학년 **단원** 5. 덧셈과 뺄셈 **개념** 10을 두 수로 가르기 / 10이 되도록 두 수 모으기 / 10이 되는 더하기

 **준비물**

달걀판 2개, 폼폼(또는 탁구공), 하드스틱, 유성사인펜, 바둑알

'10을 가르기와 모으기'는 나중에 배울 받아 올림이 있는 덧셈과 받아 내림이 있는 뺄셈 학습을 위해 매우 중요한 활동입니다. 10개의 달걀(폼폼)을 직접 조작해 보며 모으기와 가르기를 즐겁게 경험하도록 돕는 놀이입니다.

놀이하기

들어가기 전에 : 엄마와 달걀판을 살펴 봅니다. 달걀판이 없다면 종이에 네모 칸을 10개 그려 준비합니다.

❶ 하드스틱에 1~5까지의 숫자를 써 넣어 뽑기 도구를 만듭니다.

❷ 엄마와 아이가 번갈아가며 뽑기를 합니다. 뽑기에서 나온 숫자만큼 달걀판에 폼폼을 채웁니다.

✪ 폼폼이 없다면 블록 조각, 탁구공, 쿠킹호일을 뭉친 것 등을 활용해도 좋아요.

❸ 열 칸을 정확하게 먼저 채우는 사람이 이깁니다.

NOTE

엄마 엄마는 6칸을 더 채워야겠다. 윤슬이는 7칸이 가득 찼네. 다음에는 어떤 숫자를 뽑고 싶니?

유아 저는 3칸 남았으니 3을 뽑고 싶어요. (막대를 뽑으며) 그런데 1을 뽑았어요.

엄마 괜찮아. 다음에 2를 뽑으면 열 칸을 딱 맞게 채울 수 있겠는데?

응용하기

응용하면 더 재밌어요

| 10이 되는 바둑알 모으기 |

❶ 엄마와 아이가 번갈아가며 숫자 막대를 뽑습니다.

❷ 막대에 나온 수에 더해서 10이 되는 수만큼 바둑알을 가져옵니다. 예컨대 4막대를 뽑으면 6개의 바둑알을 가져옵니다. 먼저 바둑알 20개를 모으면 이깁니다.

NOTE

「10을 둘로 가르면」 노래하기

「사과 같은 내 얼굴」 노래를 다음과 같이 바꾸어 불러 봅니다.

10을 둘로 가르면
1과 9가 되지요.
1도 반짝, 9도 반짝, 10도 반짝반짝
10을 둘로 가르면
2와 8이 되지요.
2도 반짝, 8도 반짝, 10도 반짝반짝
10을 둘로 가르면
3과 7이 되지요.
3도 반짝, 7도 반짝, 10도 반짝반짝

: 따르릉 실 전화기 만들기 :

5세 이상

교과서 활용 단계

| 과목 | 과학 | 학년 | 3학년 | 단원 | 4. 소리의 성질 | 개념 | 소리 전달하기 |

준비물

종이컵 2개, 스티커(또는 사인펜), 실, 송곳, 가위, 클립 2개, 셀로판테이프

소리가 어떻게 생기는지 알아보고, 종이컵과 실을 이용해 소리를 전달하는 실 전화기를 직접 만들어 보는 놀이예요. 또 응용 놀이에서는 풍선 전화기와 풍선 마라카스를 만들며 소리에 대한 호기심을 키워 줄 수 있습니다.

놀이하기

놀면서 함께 배워요

: **들어가기 전에** : 아이와 함께 소리가 나는 물체에 대해 관찰해 봅니다.

❶ 종이컵을 스티커나 사인펜 등으로 꾸며 줍니다.

❷ 종이컵 두 개의 바닥에 송곳이나 뾰족한 펜으로 구멍을 뚫어 줍니다.

❸ 종이컵 구멍에 실을 넣어 종이컵 두 개를 연결합니다.

❹ 종이컵을 연결한 실 끝을 클립에 묶어 실이 빠지지 않도록 합니다. 클립을 셀로판테이프로 고정하면 더 잘 들립니다.

❺ 실 전화기를 이용해 전화 놀이를 합니다.

✪ 소리가 더 잘 들리게 하려면 실을 팽팽하게 당기면서 통화합니다. 또, 실의 중간에 다른 물체가 닿지 않도록 합니다.

응용하기

| 풍선 전화기 만들기 | 재료 : 종이컵, 칼, 막대풍선

❶ 2개의 종이컵 밑바닥에 십자 모양으로 칼집을 내 줍니다.

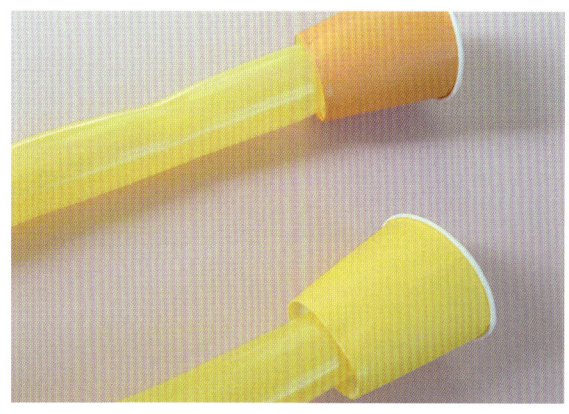

❷ 기다란 막대풍선을 불어서 종이컵에 끼워 줍니다.

❸ 전화기를 이용해 이야기를 나누어 봅니다.

: 점토로 조물조물 모양 놀이 :

5세 이상

 교과서 활용 단계

과목 수학   학년 1학년   단원 3. 여러 가지 모양   개념 여러 가지 모양 찾기 / 여러 가지 모양으로 놀이하기

 준비물

점토, 이쑤시개

가정에서 쉽게 구할 수 있는 재료인 점토와 이쑤시개를 이용해 마음껏 도형을 탐색할 수 있는 놀이예요. 이쑤시개를 계속 연결하다 보면 생각하지도 못했던 모양들이 나오면서 아이들의 즐거움이 가득합니다.

놀이하기

: 들어가기 전에 : 텔레비전, 시계, 바구니 등 생활 속의 물건에서 여러 가지 모양을 찾아봅니다.

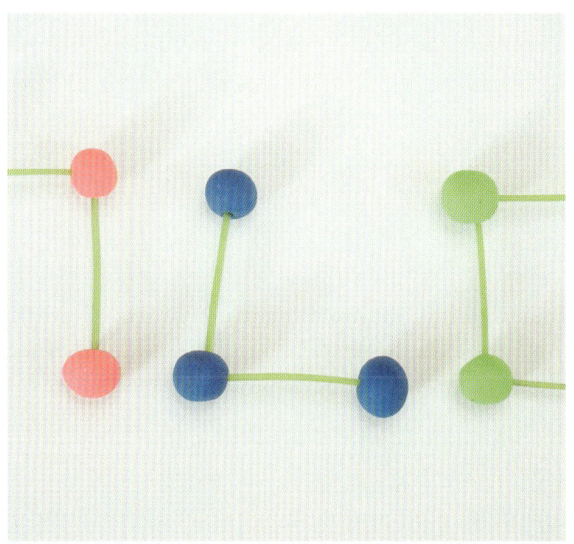

❶ 점토를 둥글게 빚어서 이쑤시개로 연결해 봅니다. 글자를 만들어 보거나 좋아하는 모양을 만들어 봅니다.

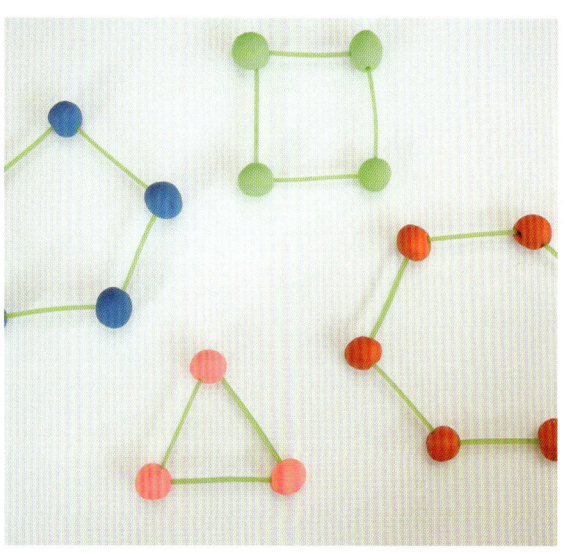

❷ 점토끼리 이어 보며 어떤 모양이 만들어지는지 살펴봅니다. 스스로 만든 모양에 특징을 살려 이름을 지어 봅니다.
(예 도깨비 뿔, 동글이, 삼각김밥 등)

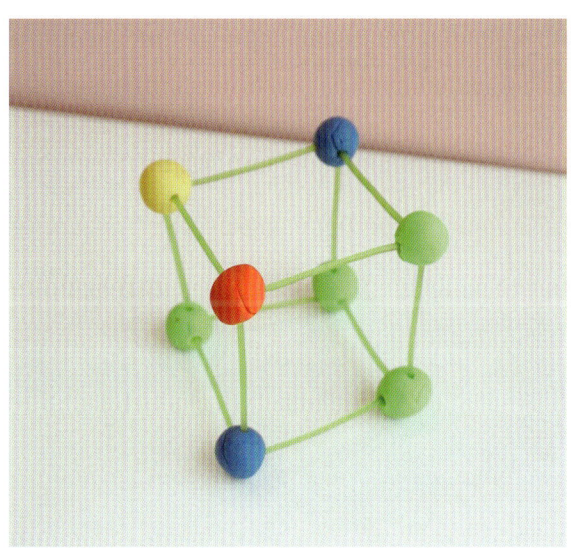

❸ 정육면체, 직육면체, 오각기둥, 삼각뿔 등 다양한 입체 도형에도 도전해 봅니다.

✿ 도형의 이름을 인지하는 것보다 자유롭게 모양을 탐색하는 것에 초점을 둡니다.

❹ 도형을 서로 연결하여 연속무늬를 만들어 봅니다.

응용하기

응용하면 더 재밌어요

| 궁금이 상자 도형 놀이 | 재료 : 상자, 다양한 모양의 물건

❶ 상자에 여러 가지 모양의 물건을 넣습니다.

❷ 상자 속에 손을 넣어 물건에 대해 설명을 합니다.
(예 뾰족한 부분이 있어요. 잘 굴러 갈 것 같아요. 평평한 부분이 만져져요.)

❸ 친구나 엄마가 어떤 모양인지 맞춰 봅니다.
(예 상자 모양, 공 모양, 딱풀 모양 등)

❹ 역할을 바꾸어서도 해 봅니다.

: 누구 면봉이 더 많을까 :

8세 이상

 **교과서 활용 단계**

| 과목 | 수학 | 학년 | 1학년 | 단원 | 1. 50까지의 수 | 개념 | 10개씩 묶어 세기 |
| 과목 | 수학 | 학년 | 2학년 | 단원 | 6. 곱셈 | 개념 | 묶어서 세기 |

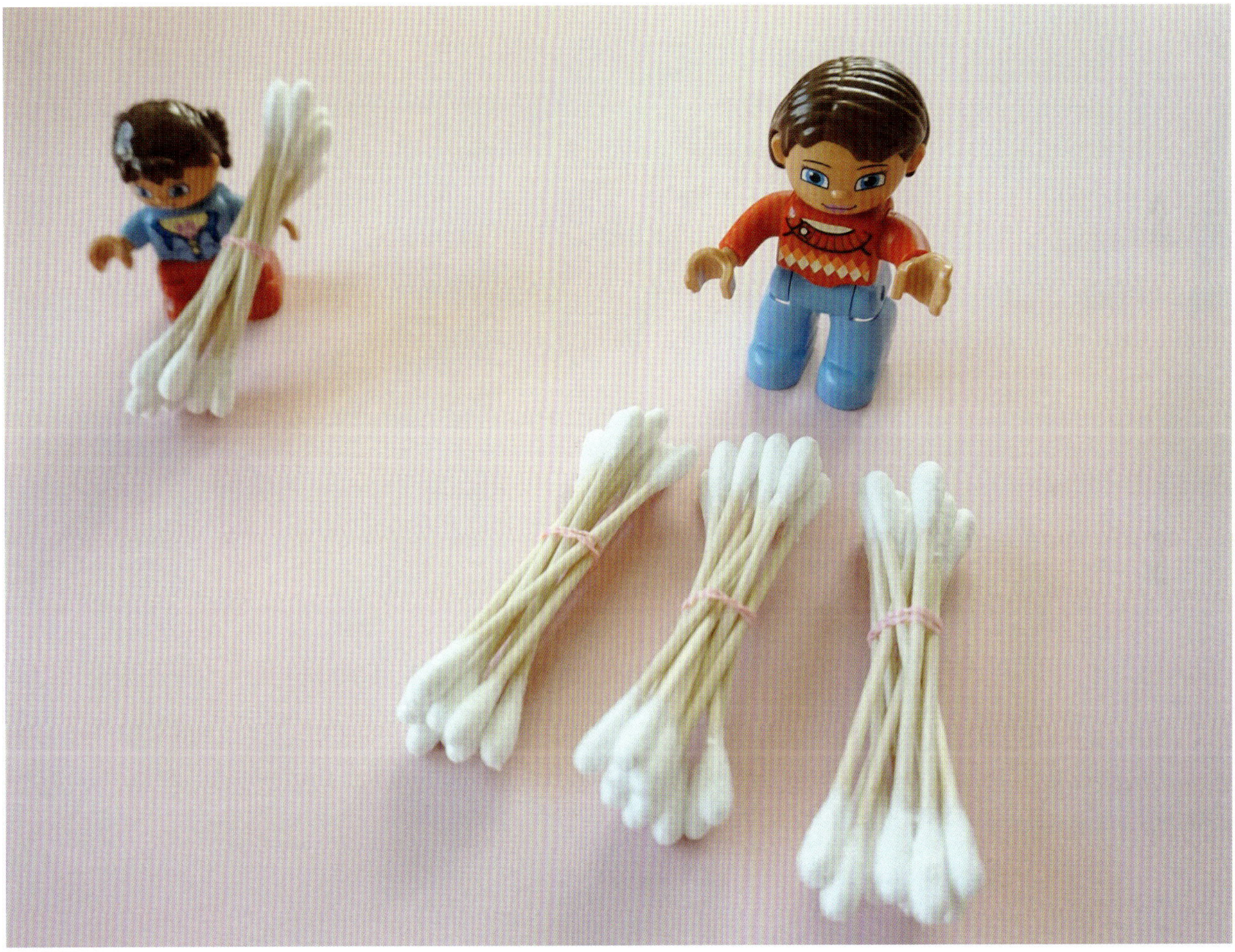

준비물

면봉, 고무줄

곱셈을 본격적으로 배우기 전에 묶어 세기에 익숙하도록 도와주는 것이 훨씬 좋습니다. 아이들이 스스로 묶어서 세는 것은 쉬운 일이 아니므로 천천히 세어 볼 수 있도록 시간을 충분히 줍니다.

놀이하기

들어가기 전에 : 여러 개의 면봉을 셀 수 있는 방법에는 어떤 것들이 있는지 이야기 나누어 봅니다.

❶ 엄마와 아이가 가위바위보를 하여 이긴 사람이 면봉을 두 개씩 가져옵니다. 5~10번쯤 반복 후 면봉의 개수를 2개씩 묶어 세며 누가 더 많은지 비교해 봅니다.

❷ 이번에는 가위바위보를 하여 이긴 사람이 면봉을 세 개씩 가져옵니다.

❸ 면봉 세 개를 이용하여 각자 세모 모양을 만들어 봅니다. "엄마는 세 개씩 두 묶음이니 여섯 개가 되었네" "윤슬이는 면봉 9개로 세모 모양을 세 개나 만들었구나"와 같은 대화를 나눕니다.

❹ 가위바위보를 5~10번쯤 반복한 후 누구의 면봉이 더 많은지 세어 봅니다.

놀면서 함께 배워요

❺ 위의 방법으로 면봉 네 개로 네모 모양을 만들어 봅니다. 네 개씩 묶어 세면서 면봉의 개수를 비교해 봅니다.

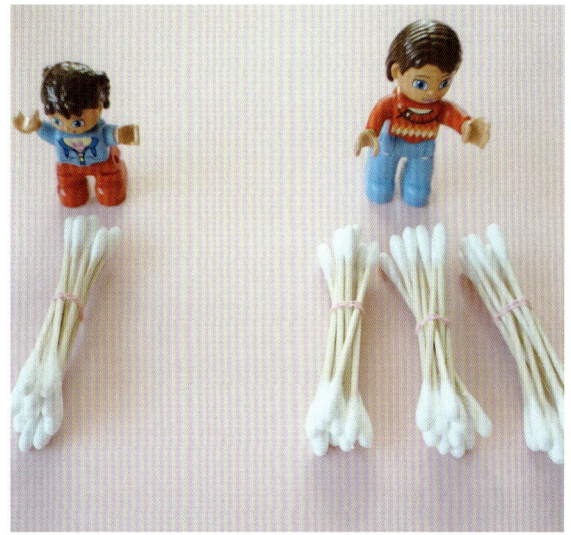

❻ 이번엔 가위바위보로 이긴 사람이 고무줄로 10개씩 묶은 면봉을 가져옵니다. "10개씩 묶음이 세 개니 서른 개가 되었네"와 같이 말을 건네며 면봉의 개수를 비교해 봅니다.

1번 대화

엄마 둘, 넷, 여섯, 여덟, 엄마는 여덟 개를 모았어.

유아 둘, 넷, 여섯, 여덟, 열, 저는 열 개를 모았어요. 엄마보다 두 개 더 많으니 윤슬이가 승리!

Part 2. 호기심과 함께 수 개념도 늘어요 : 수학 / 과학 발달 놀이 • 109

응용하기

응용하면 더 재밌어요

| 주사위 수 비교하기 |

❶ 엄마와 아이가 순서를 정합니다.

❷ 첫 번째 사람이 주사위 2개를 차례로 굴립니다. 첫 번째 주사위를 굴려서 나온 숫자만큼 10개씩 묶은 면봉 하나를 가져옵니다. 또 두 번째 주사위를 굴려서 나온 숫자만큼 면봉 낱개를 가져옵니다.

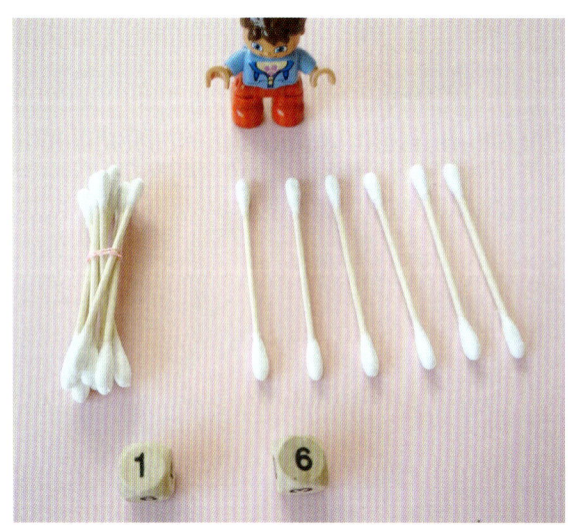

❸ 누구의 면봉이 더 많은지 서로 비교해 봅니다.

: 째깍째깍 시계 놀이 :

7세 이상

교과서 활용 단계

과목 수학   **학년** 1학년   **단원** 5. 시계 보기와 규칙   **개념** 몇 시 알아보기 / 몇 시 30분 알아보기

준비물

종이접시, 꾸미기 재료, 할핀, 유성사인펜, 두꺼운 종이

종이접시를 이용해서 모형 시계를 직접 만들어 보고 엄마와 놀이를 통해 '몇 시'를 읽고 이해할 수 있도록 돕는 놀이입니다.

놀이하기

: 들어가기 전에 : 만약 세상에 시계가 없다면 어떨지 이야기 나누어 봅니다.

❶ 종이접시에 꾸미기 재료를 이용해 꾸며주거나 그림을 그려 줍니다.

☆ 놀이를 위해 엄마와 아이 각각 하나씩 만듭니다. 종이접시 대신 안 쓰는 상자, 우드락 등을 이용해도 좋아요.

❷ 종이접시에 시계 모양으로 숫자를 쓰거나 숫자 스티커를 붙여 줍니다. 엄마가 12, 3, 6, 9 숫자의 위치를 잡아 주면 좋습니다.

☆ 사진 속 숫자 모양은 블로그 자료실에서 다운로드한 후 프린트하여 오려 붙여도 됩니다.

❸ 우유팩이나 두꺼운 종이로 시곗바늘을 만든 뒤 할핀을 가운데에 꽂아 줍니다.

❹ 시계 모형의 시간을 읽어 봅니다. 시곗바늘을 돌려가면 시간을 맞춰 보면서 하루 일과에 대해 이야기 나누어 봅니다.

☆ 그냥 '몇 시'라고 하는 것보다 '작은 바늘과 긴 바늘이 어디를 가리키고 있구나'라고 짚어 주는 것이 좋습니다.

NOTE

'몇 시' 읽기를 충분히 연습한 후 다음과 같이 수준을 높일 수 있습니다.

1. 가위바위보에서 이긴 사람이 30분씩 시곗바늘 돌리기
2. 가위로 이기면 30분, 바위로 이기면 1시간, 보로 이기면 2시간으로 약속하여 시곗바늘 돌리기

❺ 가위바위보 시계 놀이를 합니다. 가위바위보를 하여 이긴 사람이 시곗바늘을 한 시간씩 돌립니다. 그리고 출발한 시간에 먼저 도착한 사람이 이깁니다.
(예 6시에 출발해서 시곗바늘을 돌려 6시에 먼저 도착하면 승리)

응용하기
응용하면 더 재밌어요

| '몇 시 몇 분'을 알아보아요 |

앞서 만든 종이접시 시계의 뒷면에 종이접시를 하나 더 덧댑니다. 앞쪽 종이접시에 사진과 같이 가위질을 해 줍니다. 긴바늘이 1, 2, 3…을 가리키면 각각 5분, 10분, 15분…을 나타낸다는 것을 숫자로 표시하고 읽어 봅니다.

두근두근 숫자 탁구공 뽑기

6세 이상

교과서 활용 단계

과목 수학 **학년** 1학년 **단원** 3. 덧셈과 뺄셈 **개념** 모으기와 가르기

· 준비물

갑티슈 상자, 탁구공 9개, 유성사인펜, 종이, 펜, 바둑알

상자 속에 손을 넣어 무언가를 꺼낼 때에는 언제나 두근두근 재미있어요. 숫자 탁구공을 뽑아서 두 수로 가르기를 해 보는 놀이예요.

놀이하기

놀면서 함께 배워요

들어가기 전에 : 9개의 탁구공에 유성사인펜으로 1부터 9까지의 숫자를 써 넣습니다. 탁구공을 갑티슈 상자나 바구니에 넣고 이리저리 흔들며 잘 섞어 줍니다.

❶ 엄마와 아이 각자 종이에 1부터 9까지의 숫자를 써서 준비합니다. 갑티슈 상자에서 한 사람이 먼저 탁구공을 뽑습니다.

❷ 탁구공에서 나온 숫자를 종이에서 지웁니다. 그리고 그 숫자를 두 수로 가르기를 해 보고 종이에서 지웁니다.

❸ 1~9까지의 숫자를 먼저 다 지운 사람이 이기게 됩니다.

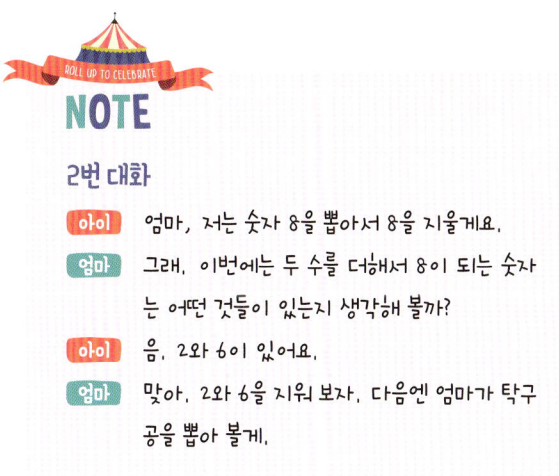

NOTE

2번 대화

- **아이** 엄마, 저는 숫자 8을 뽑아서 8을 지울게요.
- **엄마** 그래, 이번에는 두 수를 더해서 8이 되는 숫자는 어떤 것들이 있는지 생각해 볼까?
- **아이** 음, 2와 6이 있어요.
- **엄마** 맞아, 2와 6을 지워 보자. 다음엔 엄마가 탁구공을 뽑아 볼게.

응용하기

| 탁구공 덧셈 놀이 |

❶ 두 사람이 갑티슈 상자에서 각자 탁구공 2개씩 뽑습니다. 뽑은 두 수를 합해 봅니다.

❷ 합해서 더 큰 수를 만든 사람이 바둑알을 하나씩 가집니다(또는 1점을 얻습니다.). 먼저 바둑알을 10개 모으는 사람이 이깁니다.

NOTE

다음과 같이 아이엠 그라운드 놀이를 하며 덧셈(또는 뺄셈)을 익혀 봅니다. 엄마와 아이가 역할을 바꾸어 가며 연습해 봅니다.

	무릎	손뼉	양 손 엄지
엄마 & 아이	아이	엠	그라운드
	덧셈	배워	보기
엄마			3, 4
아이			7
엄마			2, 4
아이			6

응용하면 더 재밌어요

| 텔레파시 가르기 놀이 |

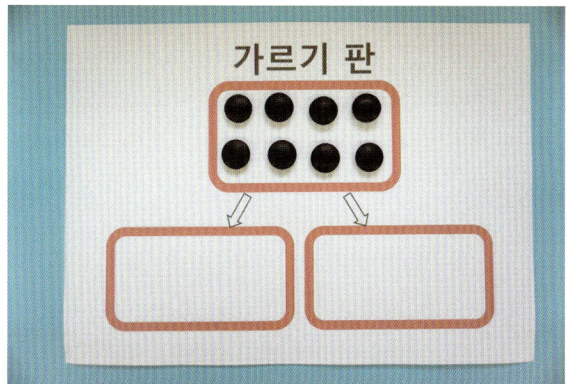

❶ 가르기 판과 바둑알을 준비합니다.

✪ 가르기 판은 블로그 자료실에서 다운받거나 스케치북에 간단히 그려서 준비할 수 있어요.

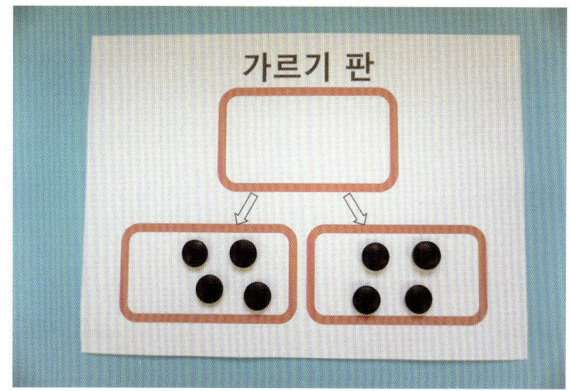

❷ 엄마와 아이가 각자 생각한 방법으로 바둑알을 가르기 해 봅니다. 이때 서로 보지 않기로 약속합니다.

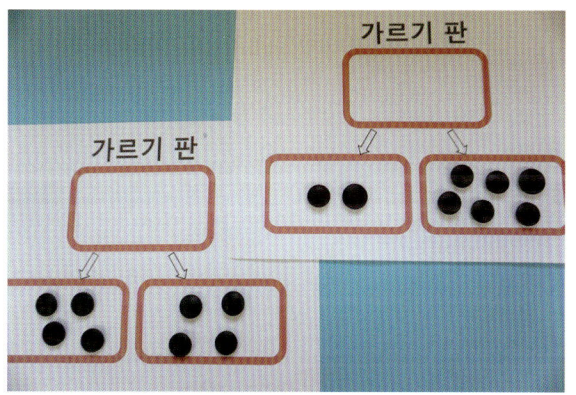

❸ 하나 둘 셋을 외친 뒤 서로의 가르기 판을 확인해 봅니다.

✪ 엄마 : 엄마는 바둑알 8개를 4개와 4개로 가르기 했어.
  아이 : 저는 2개와 6개로 가르기를 했어요.
  엄마 : 그런 방법도 있구나. 좋은 생각이야.

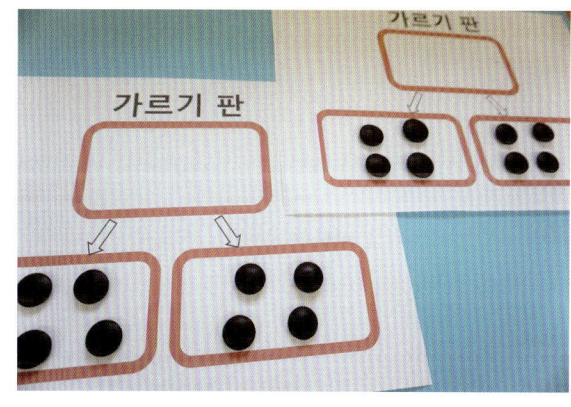

❹ 만약 같은 방법으로 가르기를 했으면 마음이 통했으므로 하이파이브를 합니다. 바둑알의 개수를 달리하며 놀이를 반복해 봅니다.

✪ 한 가지 수로 가르기를 하는 방법은 여러 가지가 있다는 것을 깨닫도록 도와주고 다양한 조작 활동을 해 봅니다.

손바닥으로 물감 찍는 놀이하기, 색종이로 모빌 만들기,
눈 만들기, 알록달록 습자지 물들이기, 종이 고깔 인형 만들기,
크리스마스 소품과 할로윈 호박 모빌 만들기까지
아이의 감성과 지성을 동시에 키울 수 있는 다양하고 재미있는 놀이를 즐겨 봅니다.

PART 3

즐거움과 함께 오감이 발달해요
: 미술 놀이

: 내 손바닥을 꾹꾹 :

4세 이상

 **준비물**

도화지, 물감, 팔레트, 붓, 끈, 집게, 가위, 꾸미기 재료

아이와 가장 손쉽게 도전할 수 있는 물감 놀이예요. 손바닥에 물감을 칠한 후 꾹 눌렀다 떼어 손도장을 찍는 놀이입니다. 연령이 낮다면 손바닥 그림을 예쁘게 완성하는 것보다 자유롭게 물감을 손에 비비며 촉감을 느껴보도록 도와주세요. 연령이 높은 아이와는 잘 말린 손바닥 도장으로 다양한 연상 그림도 그려 봅니다.

놀이하기

놀면서 함께 배워요

: **들어가기 전에** : 『손바닥 동물원』(한태희 글그림, 예림당) 동화책을 읽어 보며 손바닥으로 동물들을 어떻게 표현했는지 살펴봅니다.

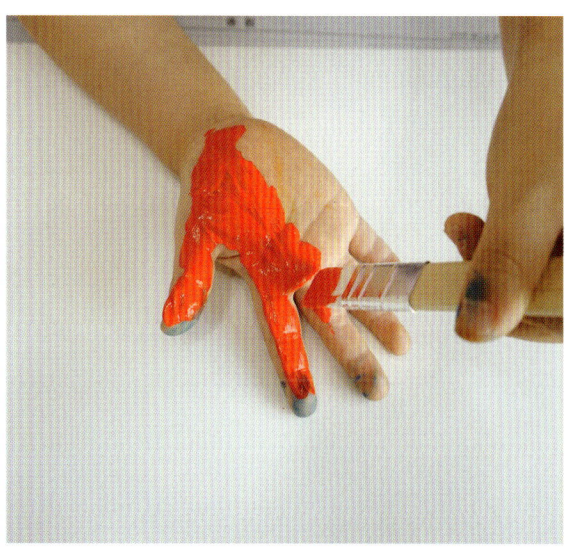

❶ 손바닥에 붓을 이용해 물감을 골고루 묻혀 주세요.

✿ 손바닥을 반으로 나누어 2가지 이상의 색깔을 묻혀도 좋아요.

❷ 도화지에 대고 꾹 눌렀다 떼어 내면 손바닥 모양이 찍힙니다.

❸ 물감이 마르면 모양대로 오린 뒤 벽면을 장식해 줍니다.

응용하기

응용하면 더 재밌어요

| 손바닥 연상 그림 그리기 |

손바닥으로 찍어 낸 그림에 꽃게, 원숭이, 물고기 등 여러 가지 연상 그림을 그려 보세요.

❶ 꽃게를 표현하고 싶을 때에는 양 손바닥에 물감을 골고루 묻힌 후 위의 그림처럼 도화지에 찍어 냅니다.

❷ 찍어 낸 도화지의 물감을 말린 후 집게, 눈알(무빙아이) 등의 꾸미기 재료를 이용하여 꾸며 줍니다.

❸ 물속에서 물고기가 헤엄치는 모습을 상상하며 물속 세상으로 꾸며 봅니다.

❹ 손바닥 그림으로 원숭이 몸통을 표현하고 얼굴을 그려 봅니다.

: 알록달록 습자지 물들이기 :

5세 이상

준비물

도화지, 습자지, 물, 붓, 색연필, 가위, 풀, 스테이플러

어버이날 카네이션 만들기에 많이 사용되는 습자지는 물이 닿으면 색이 빠지는 특징이 있어요. 도화지에 알록달록 습자지를 직접 물들여 꾸며 주는 미술 놀이예요. 엄마는 물과 습자지만 준비하면 되니 비교적 준비도 간단하고 아이도 즐거워하는 미술 놀이입니다.

놀이하기

놀면서 함께 배워요

: **들어가기 전에** : 아이와 부드럽고 얇은 습자지를 만지며 촉감을 느껴봅니다. 습자지를 손으로 찢어 입김이나 부채 바람에 날려 봅니다.

❶ 습자지를 손으로 찢어 도화지에 올린 뒤 물을 묻힌 붓으로 살살 칠해 줍니다.

✿ 두꺼운 도화지를 사용하는 것이 좋아요. 또 물을 너무 많이 묻히지 않아야 도화지가 찢어지지 않아요.

❷ 물기가 마르고 습자지를 떼어 내면 도화지에 습자지의 색깔이 물든 것을 볼 수 있습니다.

❸ 물기가 마르는 동안 다른 도화지에 자유롭게 그림을 그린 뒤 오려 붙여 줍니다.

❹ 액자에 넣어 감상합니다.

124 • 엄마표 교과 놀이

응용하기

| 빨간 습자지로 카네이션 만들기 |

❶ 네모나게 자른 습자지를 7~9장 준비합니다.

❷ 가운데를 스테이플러로 찍어 줍니다.

❸ 핑킹가위로 테두리를 둥글게 잘라 줍니다.

❹ 안쪽부터 한 장씩 올려 모아 줍니다. 끝에 한 장만 남기고 차례차례 모아 준 뒤 정리합니다.

❺ 카드로 만들어 편지를 쓰거나 액자처럼 만들어 선물합니다.

: 나비로 변신한 물티슈 :

6세 이상

준비물

물티슈, 수채물감, 붓, 물통, 모루(또는 빵끈)

염색할 대상의 일부를 실로 단단히 묶거나 감아서 염색하는 방법을 '홀치기염색'이라고 합니다. 실로 묶은 부분은 염색이 되지 않아 하얗게 드러나고 나머지 부분만 염색이 됩니다. 물티슈를 이용해 홀치기염색 기법을 간단히 흉내 내 보는 놀이입니다. 물감이 물티슈에 사르르 번지는 모습을 보며 아이들도 연신 감탄합니다.

놀이하기

놀면서 함께 배워요

: 들어가기 전에 : 인터넷 검색창에 '홀치기염색' 또는 'tie-dye'를 검색하여 다양한 티셔츠, 가방, 미술 작품 등을 살펴봅니다.

❶ 물티슈의 가운데를 잡고 오므리듯이 모아 줍니다.

❷ 물티슈를 고무줄로 두세 군데 묶어 줍니다.

❸ 수채물감에 물을 넉넉히 묻혀서 물티슈를 염색해 줍니다.

❹ 고무줄을 빼 내고 펼쳐서 말려 줍니다.

❺ 물티슈의 가운데를 모은 뒤 모루로 감아 줍니다.

❻ 벽에 장식하거나 모빌처럼 천장에 매달아 줍니다.

상큼한 과일 카나페 만들기

4세 이상

준비물

크래커, 슬라이스 치즈, 요거트, 다양한 과일 및 채소, 초코펜 등

상큼한 과일을 이용해서 카나페를 만들어 보는 요리 놀이예요. 카나페에 들어가는 재료는 참치, 오이, 크림치즈, 요거트 등 다양한 재료로 대체할 수 있어요. 크래커 대신 식빵, 바게트 빵을 넣어도 맛있습니다.

놀이하기

놀면서 함께 배워요

: **들어가기 전에** : 손으로 집어 먹는 음식을 뜻하는 핑거 푸드(finger food)에는 어떤 것들이 있는지 찾아봅니다. (예) 카나페, 롤, 피자 등)

❶ 슬라이스 치즈는 비닐째 플라스틱 칼로 4등분해서 준비합니다. 종이 접듯 가로세로로 2번 접어 잘라도 됩니다.

❷ 파인애플, 방울토마토, 오디 등 가정에 있는 여러 종류의 과일을 한입 크기로 잘라 준비합니다.

❸ 크래커 위에 치즈, 요거트, 과일 등을 올려 줍니다.

❹ 접시에 올려 요리를 완성하고 맛있게 먹어요.

응용하기

응용하면 더 재밌어요

| 초코펜으로 크래커 꾸미기 | 재료 : 초코펜, 크래커

❶ 초코펜을 따뜻한 물에 넣어 녹여 줍니다.

✿ 초코펜은 베이커리, 대형 마트, 베이킹 재료를 판매하는 곳 등에서 구매할 수 있어요.

❷ 크래커 위에 재미있게 그림을 그려 꾸며 주고 맛있게 먹습니다.

: 무지개 휴지심 애벌레 만들기 :

5세 이상

 준비물

휴지심 2개 이상, 가위, 물감, 붓, 팔레트, 반짝이 풀, 스테이플러, 눈알(무빙아이), 유성사인펜

숲속에서 무지개 색깔의 애벌레를 만난다면 어떤 기분일까요? 휴지심을 반으로 잘라 알록달록 무지개 색깔로 채색한 뒤 길게 이어 애벌레 모양으로 만드는 놀이예요.

놀이하기

놀면서 함께 배워요

: **들어가기 전에** : 어미와 새끼의 모습이 다른 동물에는 어떤 것들이 있는지 이야기 나누어 봅니다.

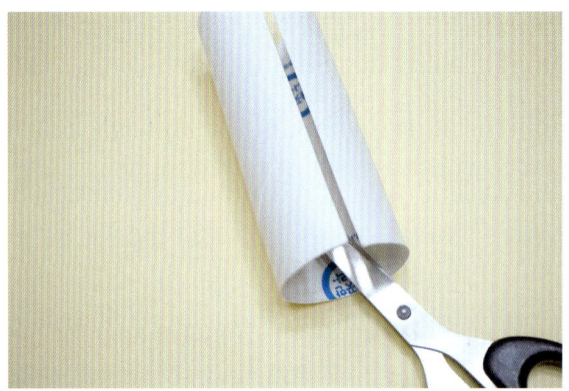

❶ 휴지심을 가위로 반 자릅니다.

❷ 반으로 자른 휴지심을 벌려 줍니다. 칼등으로 두세 번 칼집을 내 주면 쉽게 펼 수 있어요.

★ 휴지심이 두꺼워서 가위나 칼 작업은 위험하므로 엄마가 대신해 주세요.

❸ 물감으로 휴지심을 채색해 줍니다.

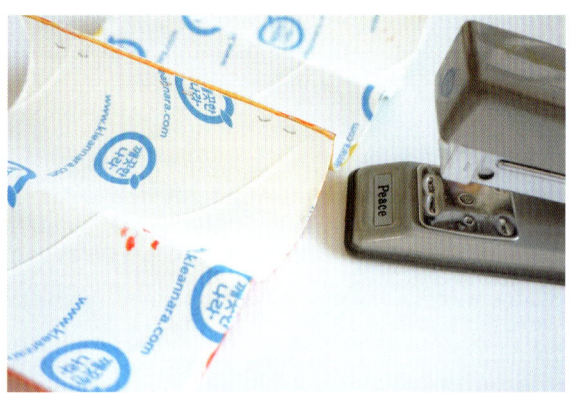

❹ 반으로 자른 휴지심 2개를 이어 스테이플러로 3번 가량 찍어 줍니다.

❺ 반짝이 풀이나 눈알 등으로 애벌레를 꾸며 줍니다.

★ 완성한 애벌레의 한쪽 끝에 끈을 매달아주면 애벌레를 끌고 다니면서 장난감으로 활용할 수 있어요.

응용하기

응용하면 더 재밌어요

| 배고픈 애벌레 만들기 | 재료 : 색종이, 가위, 풀, 꾸미기 재료

❶ 색종이를 4등분하여 길게 잘라 줍니다.

✱ 작가 에릭 칼의 유명한 동화책 『배고픈 애벌레』를 읽고 독후 활동으로 만들기에 좋습니다.

❷ 자른 색종이로 고리를 하나 만들고 고리 안에 또 종이를 넣습니다. 같은 방법으로 길게 이어 줍니다.

❸ 애벌레의 얼굴을 꾸며 완성합니다. 배고픈 애벌레에게 먹이를 주며 놀이합니다.

NOTE

엄마 엄마랑 윤슬이는 생김새가 꼭 닮았지? 엄마 코끼리랑 아기 코끼리, 엄마 기린과 아기 기린도 꼭 닮은 모습이야. 그런데 어미와 새끼의 모습이 서로 다른 동물도 있어. 한번 생각해 볼까?

아이 노란털이 보송보송한 병아리랑 닭이 달라요. 올챙이랑 개구리도 달라요.

엄마 맞아. 애벌레도 자라면 멋진 날개가 달린 나비가 되니 서로 모습이 다르구나. 오늘은 휴지심으로 멋진 나비가 되고 싶은 애벌레를 만들어 보자.

Part 3. 즐거움과 함께 오감이 발달해요 : 미술 놀이 • 133

: 신문지로 꾸미는 새 둥지 :

5세 이상

준비물

도화지, 신문지, 무늬가 있는 상자 또는 색종이, 가위, 풀, 기타 꾸미기 재료

새는 알을 낳고 부화하며 새끼를 키우기 위해 나뭇가지, 나뭇잎, 깃털 등을 이용해 둥지를 만듭니다. 흔히 구할 수 있는 신문지나 자투리 종이를 잘게 잘라 새 둥지를 표현해 보는 미술 놀이예요. 싹둑싹둑 가위질에 재미를 붙인 아이라면 즐겁게 만들 수 있습니다.

놀이하기

놀면서 함께 배워요

: 들어가기 전에 : 숲에서 산책을 하면서 또는 책을 통해 새 둥지를 자세히 관찰해 봅니다. 새들에게 둥지는 왜 필요한지 이야기 나누어 봅니다.

❶ 무늬가 예쁜 종이상자를 준비합니다.

❷ 종이상자에 새 모양을 그려 오려 줍니다.

✪ 종이가 두꺼워 오리는 과정이 어려우면 도화지로 대체하거나 엄마가 도와주세요.

❸ 신문지를 잘게 잘라 새 둥지를 표현해 줍니다.

❹ 신문지를 풀로 붙이고 여러 가지 꾸미기 재료로 꾸며 완성합니다.

응용하기

응용하면 더 재밌어요

| 신문지를 이용한 미용실 놀이 |

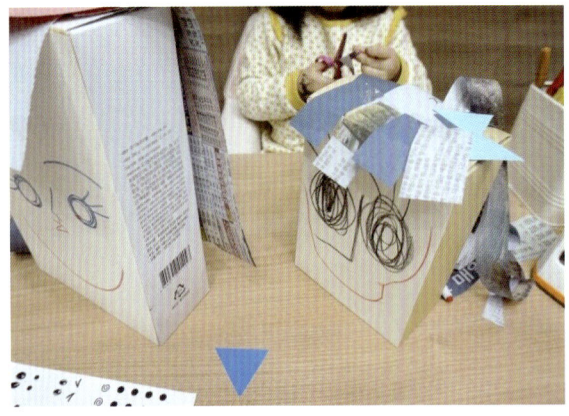

재활용 상자의 앞면에는 얼굴을 꾸며 주고 뒷면에는 신문지를 머리카락처럼 길게 붙여 줍니다. "어서 오세요. 손님, 머리를 어떻게 해 드릴까요?"라고 물으며 미용실 역할 놀이를 하면 즐거워합니다.

| 휴지심을 이용한 미용실 놀이 | 재료 : 휴지심, 색지, 가위 꾸미기 재료

❶ 휴지심의 윗부분에 색지를 둘러 붙여 머리카락을 만듭니다.

❷ 휴지심의 머리를 가위를 이용해 멋지게 잘라 줍니다.

❸ 꾸미기 재료로 눈·코·입을 붙이고 미용실 역할 놀이를 해 봅니다.

: 물풀 도트 물감으로 톡톡톡 :

4세 이상

준비물

물풀, 물감, 도화지, 붓, 물통, 뽁뽁이

시중에 판매하는 도트 물감 대신 저렴한 물풀을 이용해 집에서 직접 물풀 도트 물감을 만들 수 있습니다. 물풀 도트 물감을 이용해 그림도 그리고 글자도 써 보며 다양하게 활용하는 놀이예요. 처음 물풀을 접하는 아이는 끈적거리는 물풀을 만져 보는 데 더 흥미를 가질 수 있어요. 호기심을 가지고 자유롭게 탐색하도록 도와주세요.

놀이하기

: 들어가기 전에 : 물풀을 만져 보며 어떤 느낌이 드는지 이야기 나누어 봅니다.

❶ 물풀 뚜껑을 열어 1/3 정도 덜어 낸 뒤 물감을 넣고 나무 젓가락으로 섞어 줍니다.

✿ 물풀을 미리 덜어 내지 않고 물감을 넣으면 물풀이 넘칩니다. 덜어 내는 과정이 번거롭다면 조금 사용한 물풀을 이용합니다.

❷ 도화지에 자유롭게 물풀 도트 물감을 찍으며 놀이합니다.

❸ 연상되는 그림을 그립니다.

❹ 물풀 도트 물감을 찍으며 글자 쓰기, 편지 쓰기도 해 봅니다.

응용하기

응용하면 더 재밌어요

| 뽁뽁이로 파인애플을 꾹꾹 |

❶ 뽁뽁이(포장용 에어캡)에 노란 물감을 파인애플 모양으로 칠해 줍니다.

❷ 도화지에 물감 묻힌 부분을 꾹 눌러 찍습니다.

❸ 색연필이나 물감 등으로 파인애플 꼭지를 표현하여 완성합니다.

: 미니 딸기 케이크 만들기 :

4세 이상

준비물

카스테라 빵, 생크림, 딸기, 빵칼

시중에 판매하는 카스테라 빵과 생크림을 이용해 간단히 과일 케이크를 만들어 보는 요리 놀이예요. 과일은 딸기 대신 제철 과일로 대체해도 좋아요. 케이크를 완성한 뒤에는 초를 꽂아 생일 파티 놀이도 즐길 수 있습니다.

놀이하기

놀면서 함께 배워요

: 들어가기 전에 : 특정한 시기나 계절에만 얻을 수 있는 과일인 제철 과일을 먹으면 좋은 점에 대해 이야기 나누어 봅니다.

❶ 딸기를 빵칼을 이용해서 잘라 줍니다.

❷ 카스테라 빵을 반으로 갈라 생크림을 골고루 발라 줍니다.

❸ 카스테라 위에 자른 딸기를 얹은 뒤 카스테라로 덮습니다.

❹ 생크림을 전체적으로 골고루 발라 주고 딸기를 올려 마무리합니다. 초를 꽂아 생일 파티 놀이도 해 봅니다.

: 뻐끔뻐끔 종이접시 물고기 :

4세 이상

 **준비물**

종이접시, 수채물감, 붓, 물통, 꾸미기 재료(스팡클, 눈알 등), 목공풀(오공본드)

흰색 종이접시에 수채물감을 이용해 자유롭게 채색하거나 꾸며 물고기를 만들어 보는 놀이입니다. 물감으로 채색하는 과정이 번거롭다면 색깔이 있는 컬러 종이접시를 간단히 꾸며 주는 활동으로 대체할 수 있어요.

놀이하기

:**들어가기 전에** : 내가 좋아하는 물고기에 대해 이야기 나누어 봅니다.

❶ 흰 종이접시에 수채물감을 이용해 자유롭게 꾸며 줍니다.

❷ 물감을 말린 후 물고기 모양으로 자르고 눈알을 붙여 줍니다.

❸ 스팡클, 폼폼, 수수깡, 색종이 조각, 스티커, 자른 쿠킹호일 등 가정에 있는 꾸미기 재료를 목공풀로 붙여 줍니다.

❹ 목공풀을 잘 말려 주면 완성입니다. 송곳으로 구멍을 뚫어 모빌처럼 걸거나 벽면에 장식할 수 있어요.

응용하기

응용하면 더 재밌어요

| 퍼니콘으로 꾸미는 귀여운 물고기 | 재료 : 퍼니콘, 종이접시, 눈알

퍼니콘(플레이콘)은 옥수수 전분으로 만들어져 물만 묻히면 손쉽게 서로 붙일 수 있는 미술 재료예요. 물에 적신 스펀지나 물티슈로 톡톡 두드리면 종이 재질에 잘 붙습니다.

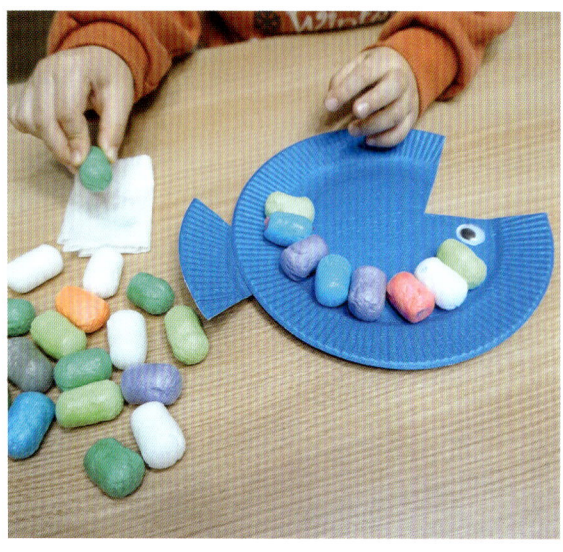

❶ 둥근 종이접시를 물고기 모양으로 만들어 주고 눈알을 붙여 줍니다.

❷ 퍼니콘을 종이접시에 붙여 꾸며 줍니다.

| 낙엽으로 만든 사자 가면 | 재료 : 종이접시, 펜, 양면테이프, 낙엽

❶ 종이접시에 눈코입을 그린 후 테두리에 양면테이프를 붙입니다.

❷ 양면테이프를 벗겨 낸 후 산책하며 주운 가을 낙엽을 붙여 사자를 만듭니다.

: 무지개 비가 주룩주룩 :

5세 이상

준비물

수채물감, 붓, 물, 물통, 도화지, 색종이, 가위, 풀, 색연필

하늘에서 무지개 비가 내린다면 어떨까요. 수채화의 다양한 기법 중 물감 흘리기와 뿌리기를 이용해서 비오는 날 풍경을 꾸며 보는 놀이입니다.

놀이하기

놀면서 함께 배워요

: **들어가기 전에** : 하늘에서 무지개 색의 비가 내린다면 어떤 풍경일지 마음껏 상상해 봅니다.

❶ 붓에 물감과 물을 넉넉히 묻힌 다음 도화지에 살짝 찍어 줍니다.

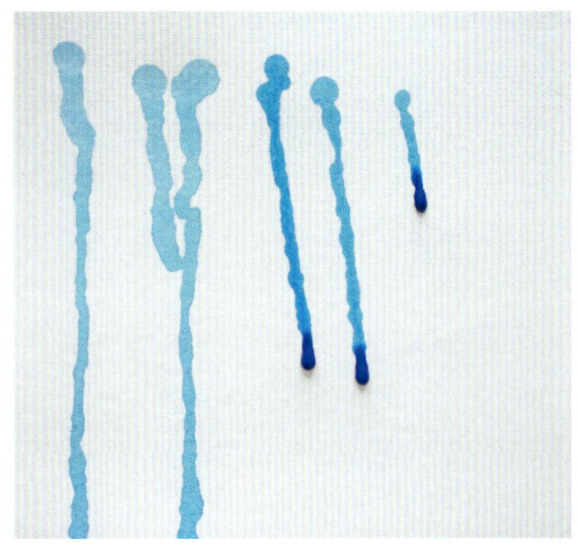

❷ 도화지를 세워 기울이면 물감이 비가 오는 것처럼 주르륵 흘러내립니다. 종이를 바닥에 톡톡 두드리면 물감이 더 잘 떨어집니다. 이와 같은 방법으로 무지개 색으로 하늘에서 내리는 비를 표현해 봅니다.

✿ 두 개의 붓을 서로 톡톡 부딪혀주면서 물감을 자연스럽게 뿌려 줍니다. 물방울이 튄 것 같은 느낌을 줄 수 있어요.

❸ 색종이를 우산 모양으로 오려 붙이고, 그림을 자유롭게 그려 마무리합니다.

❹ 그림 그리기가 익숙하지 않은 어린 아이와는 스티커 붙이기로 대체해 봅니다.

응용하기

응용하면 더 재밌어요

| 물감 위에 소금을 톡톡 | 재료 : 크레파스, 도화지, 물감, 붓, 소금

소금 뿌리기 기법은 독특한 질감을 표현하는 수채화의 기법 중 하나입니다. 소금의 굵기와 양, 종이가 젖은 정도에 따라 다양한 무늬를 관찰할 수 있어요. 소금이 사르르 녹는 모습을 보며 아이들은 무척 즐거워합니다.

❶ 도화지에 크레파스로 밑그림을 그립니다.

❷ 수채화 물감으로 바탕을 칠합니다.

❸ 물이 마르기 전에 재빨리 소금을 뿌려 줍니다.

❹ 물감이 마르면 소금을 털어 냅니다.

시원 달콤 수박화채 만들기

4세 이상

 **준비물**

수박, 쿠키 틀, 우유(또는 과일주스)

가만히 있어도 땀이 나는 무더운 여름에 좋은 요리 놀이예요. 수박을 쿠키 틀로 찍어 내고 우유를 부어 시원 달콤한 수박화채를 만들어 봐요.

놀이하기

놀면서 함께 배워요

들어가기 전에 : 「수박파티 동요」를 함께 불러봅니다.

❶ 엄마가 수박을 적당한 두께로 썰어 준비합니다.

❷ 수박을 다양한 모양의 쿠키 틀로 찍어 냅니다.

❸ 찍어 낸 수박을 그릇에 옮겨 담고 우유나 레모네이드 등의 음료를 넣어 수박화채를 완성합니다.

응용하기

응용하면 더 재밌어요

| 식빵 러스크 만들기 | 재료 : 식빵, 쿠키 틀, 버터

❶ 식빵을 쿠키 틀로 찍어 줍니다.

❷ 쿠키 틀로 찍어 낸 식빵 위에 버터를 발라 준 뒤 180도로 예열한 오븐에 6~7분 정도 구워 줍니다.

✪ 버터는 미리 상온에 두어 말랑말랑하게 녹이거나 전자레인지에 10~15초 정도 돌려 녹입니다. 또한 오븐마다 성능에 차이가 있으니 작동 시 주의하세요. 오븐이 없다면 팬에 직접 구워요.

❸ 기호에 따라 설탕을 솔솔 뿌려 마무리합니다.

: 트레싱지에 따라 그려요 :

4세 이상

 **준비물**

트레싱지, 색연필, 유성 사인펜, 테이프, OHP 필름, 도화지

그림 위에 올려놓으면 그림이 희미하게 비치는 종이를 트레싱지라고 합니다. 아이가 좋아하는 동화책이나 캐릭터 그림 위에 올려놓고 따라 그린 뒤 다양한 색깔로 채색해 보는 놀이예요.

Part 3. 즐거움과 함께 오감이 발달해요 : 미술 놀이 • 151

놀이하기

들어가기 전에: 그림책 위에 OHP 필름, 트레싱지, 도화지를 각각 올려놓고 그림이 어떻게 보이는지 비교해 봅니다.

❶ 트레싱지를 아이가 좋아하는 그림책에 대고 유성사인펜으로 따라 그려 줍니다.

❷ 색연필을 이용해 채색해 줍니다.

❸ 빛이 잘 드는 창문에 붙여 장식해 줍니다.

응용하기

| 투명한 OHP 필름 그림 |

❶ 책상에 좋아하는 그림이나 도안을 셀로판테이프로 고정한 뒤 그 위에 OHP 필름을 올려 테이프로 한 번 더 고정합니다.

❷ 유성사인펜(네임펜)으로 도안을 따라 그리고 자유롭게 꾸며 줍니다.

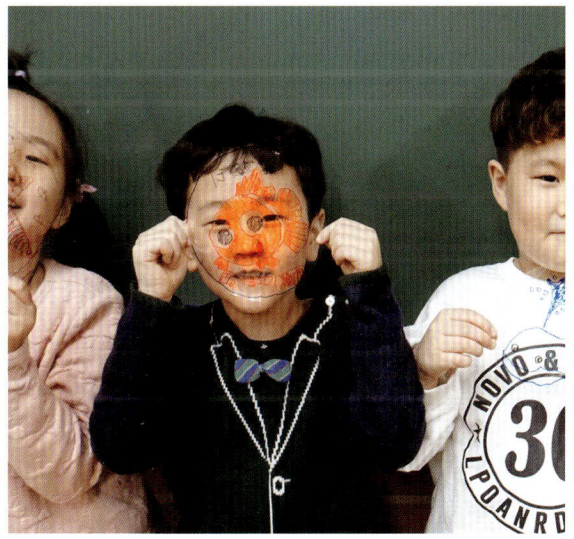

❸ 필름을 조심스럽게 떼어 낸 뒤, 빛이 통과되면서 그림이 어떻게 보이는지 살펴봅니다.

❹ 창문에 붙여 장식해 줍니다.

5세 이상

: 돌돌 말아 만드는 고깔 인형 :

 **준비물**

A4 사이즈 색지, 도화지, 유성사인펜, 색연필, 가위, 테이프, 풀

평면적인 그림뿐 아니라 입체적인 작품을 만들어 보는 것도 아이에게는 큰 즐거움이에요. 종이를 돌돌 말아 고깔 모양으로 만든 뒤 얼굴, 팔 등을 직접 만들어 인형을 만드는 놀이예요.

놀이하기

놀면서 함께 배워요

: **들어가기 전에** : 생활 속에서 고깔 모양을 찾아봅니다. (예) 고깔모자, 아이스크림콘의 과자, 고깔모양 과자 등)

❶ A4 사이즈의 색지를 돌돌 말아 고깔 모양으로 만든 뒤 테이프로 고정시켜 줍니다. 세울 수 있게 아랫부분에 삐져나온 종이는 잘라 냅니다.

❷ 도화지나 색지에 얼굴을 그려 오려 붙여 줍니다.

❸ 길쭉하게 자른 종이를 계단 접기하여 팔을 표현합니다.

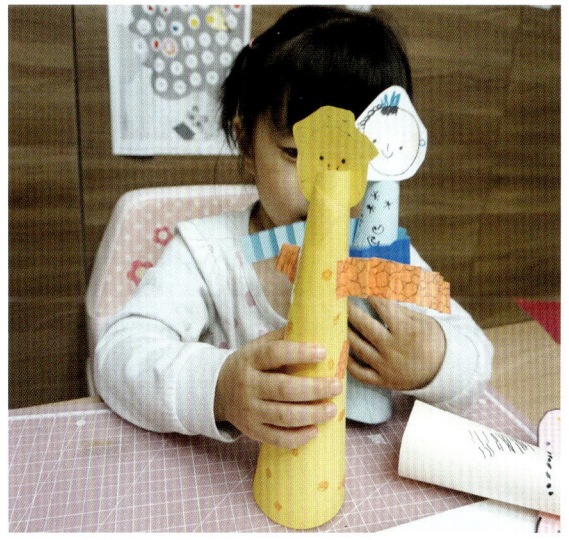

❹ 동물, 사람 등을 다양하게 만들어 인형 놀이를 합니다.

응용하기

| 우리 엄마 화장품으로 얼굴 꾸미기 놀이 | 재료 : 못 쓰는 엄마 화장품, 얼굴 밑그림, 크레파스

❶ 오래돼 못 쓰게 된 엄마의 화장품을 준비합니다.

❷ 얼굴 밑그림을 립스틱, 마스카라 등의 화장품으로 꾸며 봅니다.

❸ 나머지 머리, 옷 등을 채색하고 이름도 붙여 줍니다.

: 면봉으로 점을 콕콕 :

4세 이상

준비물

색지, 가위(또는 원형 펀치), 면봉, 물감, 팔레트, 눈알, 풀

붓을 능숙하게 다루기 어려운 아이들에게 면봉은 즐거운 도구입니다. 면봉에 물감을 묻힌 뒤 콕콕 찍어 무당벌레의 무늬를 꾸며 보는 놀이예요. 면봉 대신 연필꼭지의 지우개를 활용해도 좋아요.

놀이하기

놀면서 함께 배워요

들어가기 전에 : 숲이나 화단에서 무당벌레를 관찰해 본 경험에 대해 이야기 나누어 봅니다.

❶ 색지를 동그라미로 자르거나 원형 펀치로 찍어 낸 뒤 반으로 접어 주세요. 같은 방법으로 3개를 만듭니다.

❷ 3개의 색지를 도화지에 서로 겹쳐 풀로 붙입니다.

❸ 면봉에 검은색 물감을 묻혀 무당벌레의 점을 찍어 줍니다. 검은색 색지와 눈알로 무당벌레를 꾸며 완성합니다.

응용하기

응용하면 더 재밌어요

| 개미집 꾸미기 | 재료 : 검은색 물감, 면봉, 도화지, 색지, 꾸미기 재료, 색연필

개미들의 습성과 여왕개미가 하는 일 등에 대해 자연관찰 책을 자세히 읽고 독후 활동으로 놀면 좋습니다.

도화지에 색지를 오려 붙여 개미집을 꾸민 뒤 면봉을 이용해 개미를 그려 줍니다.

응용하기

응용하면 더 재밌어요

| 휴지심 무당벌레 만들기 | 재료 : 휴지심, 물감, 붓, 색종이, 눈알

❶ 휴지심을 검은색 물감으로 칠한 뒤 말려 줍니다. 또는 검은색 색종이를 감싸듯이 붙여 줍니다.

❷ 색지를 반원 모양으로 자른 뒤 연필꼭지의 지우개로 무당벌레의 점무늬를 찍어 줍니다.

❸ 휴지심에 색지와 눈알을 붙여 완성합니다.

스크래치페이퍼로 꾸미기

5세 이상

준비물

스크래치페이퍼, 스크래치페이퍼용 펜(또는 뾰족한 도구), 도화지, 풀, 크레파스, 물감, 별 모양 펀치

스크래치 기법은 크레파스나 유화물감 따위를 색칠한 위에 다른 색을 덧칠하고 송곳이나 칼 같이 날카로운 물체로 긁어서 처음에 칠한 색이 나타나게 하는 미술 기법입니다. 펀치로 찍어 낸 별 모양 스크래치페이퍼를 신나게 꾸며 보고 도화지에 상상 속 별나라를 만들어 봅니다.

놀이하기

놀면서 함께 배워요

: **들어가기 전에** : 크레파스를 이용해서 스크래치 기법을 탐색해 봅니다. 크레파스로 여러 가지 색을 채색합니다. 그 위에 검은 크레파스로 덧칠해 줍니다. 클립, 나무젓가락 등 뾰족한 도구를 이용해 긁어 표현합니다.

❶ 스크래치페이퍼를 별 모양 펀치로 펀칭합니다.

★ 스크래치페이퍼는 뾰족한 도구로 긁어 내면 알록달록 색깔들이 나타나서 편리하게 스크래치 기법을 표현할 수 있는 종이예요.

❷ 스크래치페이퍼를 나무젓가락이나 전용 도구로 긁어 줍니다.

★ 스크래치페이퍼를 구매하면 전용 도구도 함께 들어 있는 경우가 많아요.

❸ 점, 직선, 곡선 등 다양한 무늬를 만들어 봅니다.

❹ 별을 보며 연상되는 그림을 도화지에 자유롭게 그립니다.

❺ 직접 그린 그림에 스크래치페이퍼를 붙여 그림을 완성합니다.

응용하기

응용하면 더 재밌어요

| 사포에 그리는 그림 |

사포(sand paper)는 철물점이나 대형 문구점에서 구할 수 있어요. 까만 사포에 칠하다 보면 크레파스의 색감이 생생하게 드러납니다. 부드럽게 칠해져 아이들도 몹시 흥미로워 합니다.

NOTE

동화책을 함께 읽어 봅니다.

『까만 크레파스』
글·그림 - 나카야 미와 / 웅진닷컴
옹기종기 귀여운 크레파스들이 예쁜 그림을 그리는데 까만 크레파스 까망이는 그 그림을 망칠까 아무것도 선뜻 그리지 못합니다. 다른 색깔 친구들이 다투는 사이 까망이는 엉망이 된 그림 위를 까만색으로 모두 칠하고 샤프는 그 칠을 긁어 아름다운 불꽃놀이 그림을 완성합니다. 까망이 덕분에 근사한 그림이 만들어지고 친구들과 사이가 더욱 돈독해지는 흥미로운 이야기입니다. 미술 활동과 연계하여 아이와 함께 읽어 보면 좋은 책이에요.

: 과일 얼음과자 만들기 :

4세 이상

 **준비물**

레모네이드, 자르기 쉬운 과일, 빵칼, 얼음 틀

더운 여름만 되면 아이들은 아이스크림을 사 달라고 조르기 마련이에요. 아이스크림 대신 집에서 건강한 간식을 만들어 먹어 보는 건 어떨까요. 아이들이 자르기 쉬운 파인애플, 키위, 수박 등을 주스와 함께 얼려 과일 얼음과자를 만드는 놀이예요.

놀이하기

: 들어가기 전에 : 여름에 볼 수 있는 과일에는 어떤 것들이 있는지 이야기 나누어 봅니다. (예) 수박, 포도, 복숭아 등)

❶ 과일을 작은 크기로 썰어 줍니다.

✘ 어린이용 안전 칼이나 플라스틱 빵칼을 이용해요.

❷ 얼음 틀에 과일을 조금씩 넣고 레모네이드나 우유를 넣어 줍니다.

❸ 냉동실에서 꽁꽁 얼려 줍니다.

❹ 얼음과자가 꽁꽁 얼면 컵에 담아 맛있게 먹습니다.

응용하기

| 요거트 얼음과자 만들기 | 재료 : 블루베리, 떠먹는 요거트

❶ 얼음 틀에 떠먹는 요거트와 블루베리를 넣고 얼려 줍니다.

❷ 요거트 얼음과자가 완성되면 맛있게 먹습니다.

| 오렌지 주스 만들기 | 재료 : 오렌지, 스퀴저, 컵

스퀴저(과일 즙 짜개)를 이용해 주스를 만들어 먹어요.

❶ 오렌지를 반으로 잘라 스퀴저로 아이가 직접 짜 봅니다.

❷ 스퀴저에 담긴 주스를 컵에 담고 맛있게 먹어요.

: 커피향이 솔솔 커피 그림 :

4세 이상

 **준비물**

도화지, 유성사인펜, 커피, 물, 붓

흔히 구할 수 있는 커피를 채색 도구로 이용하는 미술 놀이예요. 윤슬이는 커피 색깔을 보니 숲속에 사는 갈색 곰이 떠오른다며 곰이 사는 숲 동산을 그려 주고 채색했어요.

놀이하기

: 들어가기 전에 : 인터넷 검색창에서 'coffee paint'를 검색하여 커피를 이용한 다양한 작품을 감상해 봅니다. 아이와 함께 살펴보면서 이야기 나누어 봅니다.

❶ 도화지에 유성사인펜으로 밑그림을 그려 줍니다.

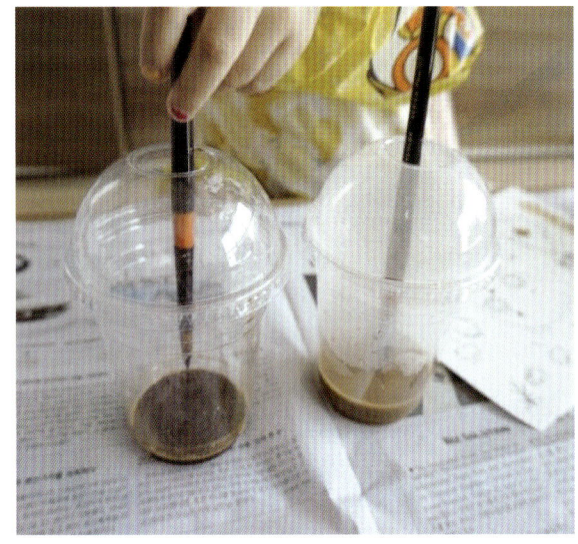

❷ 커피를 물에 진하게 타서 준비합니다.

✪ 아이의 수준에 따라 커피의 농도를 달리해서 여러 가지로 준비해도 좋아요.

❸ 커피를 이용해 밑그림을 채색하여 완성합니다.

응용하기

응용하면 더 재밌어요

| 테이크아웃 커피컵 뚜껑을 이용한 지구 만들기 | 재료 : 커피컵 뚜껑, 목공풀, 도화지, 점토, 칫솔, 흰색 물감

❶ 테이크아웃 커피컵 뚜껑을 목공풀을 사용해 도화지에 붙여 줍니다.

❷ 점토를 뚜껑에 넓게 펼치며 붙여 줍니다. 이때 초록색과 파란색 점토를 번갈아 사용하면 지구 느낌을 표현할 수 있습니다.

❸ 칫솔에 흰색 물감을 묻힌 후 칠해 배경을 꾸며 줍니다.

: 뚝딱 할로윈 호박 모빌 :

5세 이상

색종이, 가위, 양면테이프

할로윈을 상징하는 색으로는 주황색과 검정색이 있어요. 주황색은 깊어가는 가을, 검은색은 어둠과 악마를 상징한다고 합니다. 할로윈 축제에 대해 이야기도 나누어 보고 호박 모빌을 직접 만들어 보는 놀이예요.

놀이하기

놀면서 함께 배워요

: 들어가기 전에 : 할로윈의 유래에 대해 이야기를 나누어 봅니다.

❶ 색종이를 1cm 가량 올려 접습니다.

❷ 뒤집어서 같은 방법으로 1cm 가량 올려 접습니다.

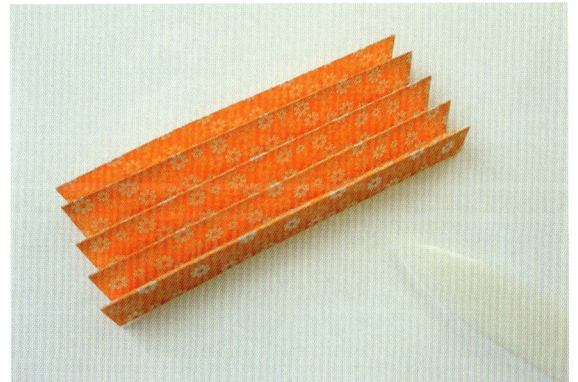

❸ 계속해서 번갈아 뒤집어 가며 끝까지 올려 접습니다.

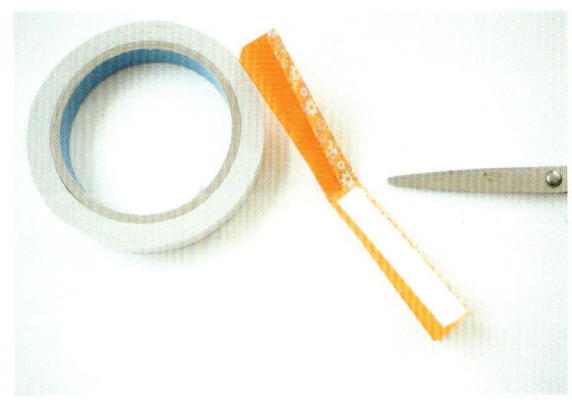

❹ 반으로 접은 뒤 반쪽 면에 양면테이프를 붙여 줍니다.

❺ 양면테이프를 맞붙여 부채 모양으로 만들어 줍니다. 같은 방법으로 3개 만들어 줍니다.

❻ 3개의 부채를 양면테이프로 맞붙여서 원 모양을 만든 뒤 눈 코 입을 꾸며 줍니다.

Part 3. 즐거움과 함께 오감이 발달해요 : 미술 놀이 • **171**

응용하기

응용하면 더 재밌어요

| 요술 부채 만들기 |

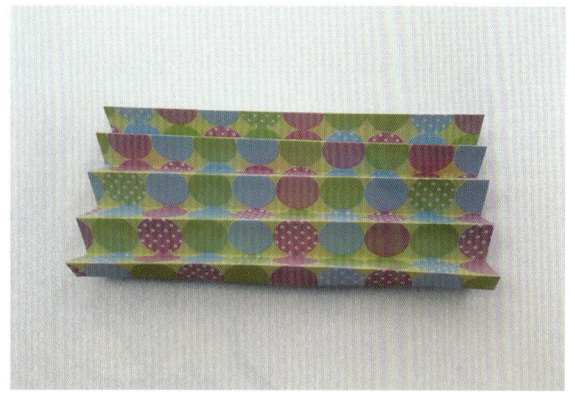

❶ 색종이를 부채 접기(계단 접기) 합니다.

❷ 부채 접기한 색종이를 반으로 접어 풀이나 양면테이프로 붙입니다. 같은 방법으로 3개를 만듭니다.

❸ 3개의 색종이끼리 서로 맞붙이고 하드스틱 또는 나무젓가락을 붙여 줍니다.

❹ 하드스틱을 펼쳤다 접었다 하며 요술부채를 완성해 봅니다.

❺ 친구와 가위바위보를 하며 서로 부채질해 주기 놀이를 해 봅니다.

: 캔버스에 활짝 핀 눈꽃 :

4세 이상

캔버스, 물감, 붓, 마스킹 테이프, 목공풀(또는 글루건), 폼폼

캔버스는 그 자체로 액자 느낌이 나서 완성하면 인테리어 소품으로도 멋지게 활용할 수 있어요. 마스킹테이프는 종이 느낌이 나는 접착성이 약한 테이프로 떼어 내기 쉽습니다. 캔버스에 마스킹테이프를 눈꽃 모양으로 붙여 물감으로 채색한 뒤 테이프를 떼어 내면 멋진 눈꽃 무늬가 나타납니다. 마스킹테이프를 이용해 다양한 모양을 상상하며 응용해 봅니다.

놀이하기

놀면서 함께 배워요

들어가기 전에 : 한겨울 눈이 내릴 때 어떤 느낌이 들었는지 이야기 나누어 봅니다.

❶ 캔버스에 마스킹테이프를 눈꽃 모양으로 붙여 줍니다.

❷ 물감으로 채색해 줍니다.

❸ 물감이 마른 뒤 마스킹테이프를 살살 떼어 내면 눈꽃 모양이 나타납니다.

응용하기

응용하면 더 재밌어요

| 마스킹테이프로 모양 탐구하기 |

마스킹테이프를 이용해 아이와 함께 다양한 모양을 상상해 봅니다. 윤슬이는 와플을 떠올리며 캔버스를 꾸며 주었어요.

❶ 캔버스에 마스킹테이프를 격자무늬로 붙여 줍니다.

❷ 와플하면 떠오르는 색을 골라 칠해 줍니다.

❸ 물감이 마르면 마스킹테이프를 떼어 냅니다.

응용하기

| 폼폼으로 꾸민 캔버스 편지 |

❶ 캔버스에 원하는 색깔의 물감을 골라 채색합니다.

❷ 물감이 마르면 폼폼을 목공풀로 붙입니다. 더 단단히 붙이고 싶다면 엄마가 대신 글루건으로 작업하는 것을 도와주세요.

✪ 하트 모양, 이니셜 모양, 동물 모양 등 아이와 어떤 모양으로 붙이고 싶은지 이야기 나누고 도와주세요.

❸ 유성사인펜으로 편지를 쓰거나 그림을 그려 선물합니다.

: 쓱쓱 싹싹 모양별 오리기 :

6세 이상

준비물

색종이, 가위, 풀, 흰색 물감, 도화지

밤하늘을 수놓는 아름다운 별을 바라보며 아이들은 동심의 세계에 빠져들곤 합니다. 다양한 모양별을 상상하며 할 수 있는 손쉬운 자르기 놀이예요.

놀이하기

놀면서 함께 배워요

: **들어가기 전에** : 가위로 오리기 놀이할 때 어떤 점에 주의해야 할지 이야기 나누어 봅니다.

❶ 색종이를 세모 모양으로 반 접습니다.

❷ 두 번 더 반으로 접습니다.

✪ 사진과 같이 폴더가 있는 곳에 색종이의 막힌 곳이 오도록 접어 주세요.

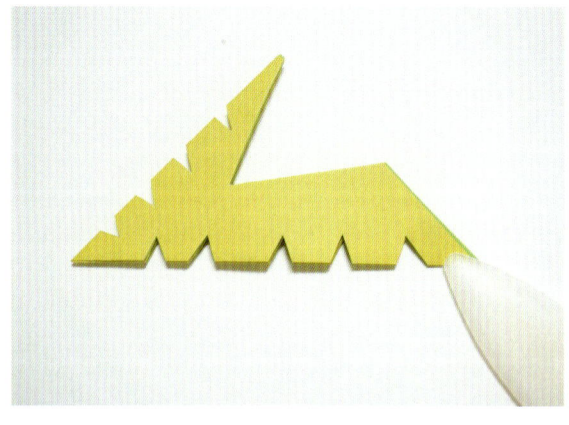

❸ 사진과 같이 가위질 해 줍니다.

❹ 펼치면 다음과 같은 모양이 나타납니다.

❺ 가위질하는 방향, 모양에 따라 다양한 모양을 만들 수 있습니다. 아이와 즐겁게 탐색해 봅니다.

응용하기

응용하면 더 재밌어요

| 반짝반짝 빛나는 별님 만들기 |

❶ 색지를 긴 막대 모양으로 잘라 줍니다.

❷ 사진과 같이 겹쳐 풀칠해 줍니다.

❸ 연필 꼭지의 지우개를 활용하여 흰색 물감을 동그랗게 찍어 줍니다.

❹ 완성한 별님을 도화지에 붙이고 꾸며 줍니다.

: 종이배로 꾸미는 바다 풍경 :

 5세 이상

 **준비물**

색종이, 종이접시, 색연필, 사인펜, 가위, 풀, 스티커

멋지게 완성한 종이접기 작품을 보관하기 난감한 경우가 많습니다. 완성한 작품을 종이접시에 붙여 액자처럼 꾸며 보는 건 어떨까요. 종이배를 직접 접은 뒤 종이접시에 붙여 바다 풍경을 꾸며 보는 놀이예요.

놀이하기

놀면서 함께 배워요

: 들어가기 전에 : 바다에 놀러갔던 경험을 떠올리며 엄마와 이야기 나누어 봅니다.

❶ 색종이를 세모로 반으로 접었다 펴서 표시선을 만듭니다.

❷ 사진과 같이 아래를 접어 올려 줍니다.

❸ 뒤집어서 반 접어 줍니다.

❹ 사진 속 연두색 부분에 손가락을 넣어 벌리며 눌러 접습니다.

❺ 종이접시의 가운데에 칼로 구멍을 내 오려 낸 뒤 종이배를 붙이고 자유롭게 꾸며 줍니다.

✪ 칼 작업은 엄마가 대신하거나 생략합니다.

Part 3. 즐거움과 함께 오감이 발달해요 : 미술 놀이 • **181**

응용하기

응용하면 더 재밌어요

| 종이접시 왕관 만들기 |

❶ 종이접시를 칼로 8등분하여 잘라 줍니다.

✪ 칼 작업은 엄마가 대신해 주세요.

❷ 종이접시의 잘려진 부분을 위로 세워서 스티커로 꾸며 줍니다.

❸ 머리에 직접 만든 왕관을 쓰고 역할 놀이를 합니다.

: 휴지심 미니언즈 만들기 :

5세 이상

준비물

휴지심, 물감, 붓, 검은색 마스킹테이프, 색종이, 가위, 풀, 꾸미기 재료

휴지심에 노란 물감을 채색해서 아이들이 좋아하는 미니언즈 캐릭터를 만드는 놀이예요. 아이가 평소에 좋아하는 캐릭터나 동물에 대해 이야기를 나누어 보고 스스로 만들고 싶은 것을 정해도 좋아요.

놀이하기

놀면서 함께 배워요

들어가기 전에 : 내가 평소에 좋아하는 동물이나 캐릭터를 떠올려 보고 휴지심으로 어떻게 표현하면 좋을지 구상해 봅니다.

❶ 휴지심을 노란색 물감으로 채색해 말려 줍니다.

❷ 물감이 마르면 검은색 마스킹테이프를 휴지심에 둘러 붙여 줍니다.

✪ 마스킹테이프 대신 검은색 색종이를 잘라 붙여도 좋아요.

❸ 색종이를 잘라 붙여 미니언즈의 옷을 표현합니다.

❹ 눈알, 폼폼, 스팡클 등 꾸미기 재료로 꾸며 미니언즈를 완성합니다.

응용하기

| 휴지심 루돌프 만들기 |

❶ 갈색으로 채색한 휴지심의 양 끝에 1cm 가량 가위질을 해주고 색지로 만든 루돌프 뿔을 끼워 줍니다.

❷ 꾸미기 재료로 루돌프 얼굴을 꾸며 완성합니다.

고소한 리코타 치즈 만들기

5세 이상

 **준비물**

냄비, 주걱, 면 보자기, 우유 2L, 소금 1작은술, 레몬즙 4큰술

집에서 직접 우유를 끓여 치즈를 만들어 보는 놀이입니다. 몽글몽글 치즈가 만들어지는 과정을 직접 볼 수 있어 아이들이 몹시 신기해 합니다. 불 앞에서는 꼭 안전에 주의해 주세요.

놀이하기

놀면서 함께 배워요

: 들어가기 전에 : 우유로 만든 음식에는 어떤 것들이 있는지 찾아봅니다. (예) 버터, 아이스크림, 치즈, 요구르트 등)

❶ 냄비에 우유를 붓습니다.

❷ 약한 불로 우유를 데웁니다. 중간에 주걱으로 저어 우유의 온도를 일정하게 합니다. 우유에 거품이 나기 시작하면 레몬즙과 소금을 넣습니다. 우유가 순두부처럼 덩어리지기 시작하면 불을 끄고 식힙니다.

❸ 면 보자기나 고운체에 물을 걸러 완성합니다.

✪ 기호에 따라 잼, 꿀, 과일, 빵 등과 함께 먹습니다. 밀봉하여 냉장보관하면 5일까지 보관 가능해요.

NOTE

우유에 들어 있는 단백질은 산성 물질을 만나면 응고되는 성질이 있어요. 그래서 레몬즙에 들어 있는 산이 우유 속의 단백질을 응고시킨 것입니다. 이렇게 응고된 덩어리가 치즈가 되는 거예요.

Part 3. 즐거움과 함께 오감이 발달해요 : 미술 놀이 • **187**

응용하기

응용하면 더 재밌어요

| 우유팩 딱지 접기 | 재료 : 우유팩, 가위

우유로 치즈를 만들고 난 후 우유팩으로 딱지를 접어 신나게 딱지치기를 해 보는 건 어떨까요?

❶ 우유팩을 자른 뒤 씻어 말려 줍니다.

✸ 처음부터 펼쳐서 말리면 냄새가 나지 않아요.

❷ 바람개비 모양처럼 접어 줍니다.

❸ 불필요하게 튀어 나온 부분을 가위로 잘라 냅니다.

❹ 세모로 접힌 부분을 가운데 쪽으로 넣어가며 접습니다.
여러 개 만들어 딱지치기 놀이를 합니다.

: 팔랑팔랑 색종이 나비 모빌 :

6세 이상

준비물

색종이, 모루(또는 빵끈)

 서로 잘 어울릴 것 같은 색깔의 색종이 두 장을 스스로 골라보고 부채 접기로 팔랑이는 나비 모빌을 만들어 보이는 놀이예요. 바람이 불면 팔랑팔랑 나비가 날아가는 것 같이 움직입니다.

놀이하기

들어가기 전에: 호박 모빌 만들기에서 배웠던 부채 접기 방법을 떠올려 봅니다.

❶ 색종이를 세모로 반 접습니다.

❷ 세모로 반 접은 상태에서 부채 접기를 합니다. 자세한 부채 접기 방법은 170쪽 호박 모빌 만들기를 참고해 주세요.

❸ 2번까지의 방법으로 2개를 만들어 준비합니다.

❹ 종이 중 하나를 펼쳐서 가운데를 모아 줍니다.

❺ 3번과 같은 방법으로 색종이 2장을 겹쳐서 가운데를 모은 뒤 모루로 감아 줍니다.

✿ 모루 대신 빵끈이나 테이프로 감아 고정해도 됩니다.

❻ 줄이나 끈 등을 이용해 벽이나 천장에 장식해 줍니다.

응용하기

응용하면 더 재밌어요

| 빙그르르 소라 모빌 만들기 |

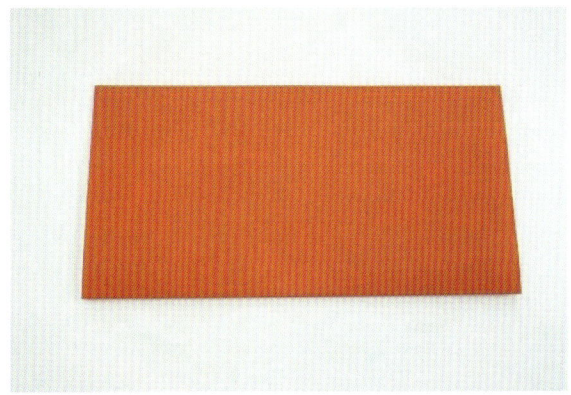

❶ 색종이를 네모로 반 접습니다.

❷ 한 장을 펼쳐 아래로 내려 접습니다. 뒷장도 같은 방법으로 내려 접습니다.

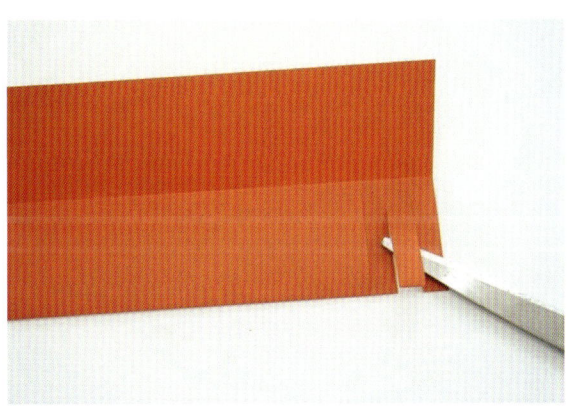

❸ 접힌 부분까지 촘촘히 가위질을 해 줍니다.

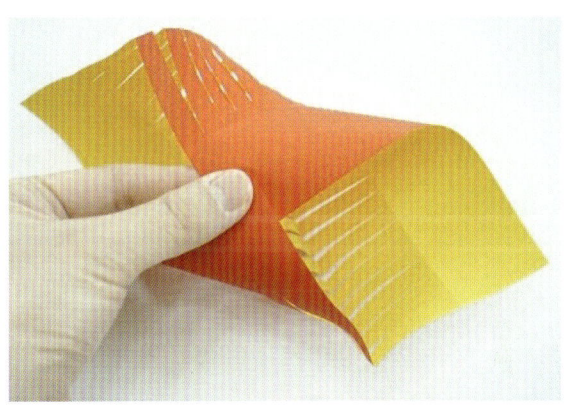

❹ 위의 그림과 같이 색종이를 펼쳐 대각선 방향으로 모은 뒤 풀칠해 줍니다.

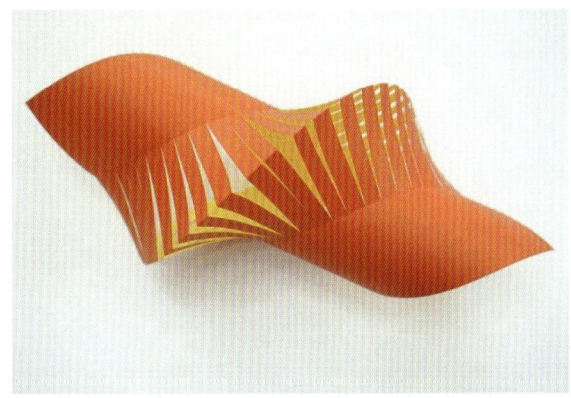

❺ 뒤집으면 사진과 같은 물결 모양이 나타납니다.

❻ 여러 개를 만들어 풀로 이어 붙여 줍니다. 손으로 톡 건드리면 빙그르르 돌아가는 소라 모빌이 완성됩니다.

우리 집 창문에 눈이 내려요

5세 이상

준비물
둥근 도일리 페이퍼, 가위, 테이프, 일공 펀치

도일리 페이퍼를 겹쳐 접어 다양한 모양으로 잘라 보고 펀치로 구멍도 뚫어 보며 눈 결정체 모양을 표현해 보는 놀이예요.

놀이하기

놀면서 함께 배워요

: 들어가기 전에 : 둥근 도일리 페이퍼 두 장을 겹쳐 눈사람을 만들어 꾸며 봅니다.

❶ 둥근 도일리 페이퍼를 반으로 접어 주세요.

✪ 도일리 페이퍼는 예쁜 레이스 무늬가 있는 얇은 종이로, 포장 재료로 많이 쓰입니다. 얇아서 겹쳐 접어도 아이들이 손쉽게 자르기 놀이를 할 수 있어요.

❷ 반으로 접는 과정을 두 번 더 반복해 주세요.

❸ 가위로 다양한 모양을 탐색하며 잘라 주세요. 가위질을 어떻게 하느냐에 따라 펼쳤을 때 다양한 모양이 나옵니다.

❹ 펼치면 사진과 같은 눈꽃 모양이 만들어져요.

Part 3. 즐거움과 함께 오감이 발달해요 : 미술 놀이

놀이하기

놀면서 함께 배워요

❺ 아이가 가위질을 어려워한다면 2번 과정까지 접은 뒤 일공 펀치로 펀칭해 주세요.

❻ 펀칭하는 위치에 따라 다양한 눈꽃 모양을 만들 수 있어요.

❼ 완성된 눈 결정체를 창문에 붙여 장식합니다.

응용하기

응용하면 더 재밌어요

| 도일리 페이퍼 공작새 만들기 |

❶ 도일리 페이퍼를 수채물감으로 채색하고 말려 줍니다. 종이가 얇아서 찢어지기 쉬우므로 물을 많이 사용하지 않도록 조절합니다.

❷ 색지와 꾸미기 재료를 이용해 공작새 모양으로 꾸며 도화지에 붙여 완성합니다.

양초로 꾸미는 밤하늘 풍경

5세 이상

 **준비물**

도화지, 양초, 수채물감, 검은 도화지, 가위, 풀, 흰색 색연필

배틱 기법을 이용해서 양초로 자유롭게 선을 그어 보고 물감으로 밤하늘의 풍경을 표현해 보는 놀이예요. 양초 대신 흰색 크레파스나 흰색 유성 색연필을 이용해도 좋아요.

놀이하기

놀면서 함께 배워요

들어가기 전에 : 깜깜한 밤에 볼 수 있는 풍경에 무엇이 있는지 이야기 나누어 봅니다.

❶ 도화지에 양초로 자유롭게 직선, 곡선 등을 그려 줍니다.

❷ 어두운 색깔의 수채물감으로 배경을 칠한 뒤 말려 줍니다.

❸ 검은 도화지(또는 검은색종이)를 오려 건물을 표현하고 흰색 색연필로 꾸며 줍니다.

❹ 배경을 칠한 도화지에 검은 도화지로 별, 건물 등을 붙여 마무리합니다.

응용하기

응용하면 더 재밌어요

| 쉿! 비밀 편지 만들기 |

❶ 도화지에 흰색 유성 색연필, 양초, 흰색 크레파스 등으로 비밀 편지를 써 줍니다.

❷ 넓은 붓을 이용해 팔레트에 붙어 있는 두 가지 색의 물감을 동시에 묻혀 줍니다.

❸ 도화지에 물감을 칠하면 비밀 편지의 내용이 나타납니다.

❹ 엄마와 비밀 편지를 주고받으며 마음을 나누어 보세요.

NOTE

배틱(battik)은 크레파스나 파라핀 등 물감이 묻지 않는 재료로 무늬를 그린 다음, 그 위에 수채물감을 칠하거나 무늬 외의 부분에 물감이 흡수되게 하여 아름다운 무늬를 만드는 기법이에요.

: 크리스마스 리스 만들기 :

4세 이상

준비물

칼라 종이접시, 색지, 별 모양 펀치, 양면테이프, 끈

어려운 리스 대신에 간단한 종이접시 리스로 크리스마스 분위기를 낼 수 있습니다. 종이 접시에 별 모양으로 펀칭한 종이를 차례로 붙이고 꾸며 주는 미술 놀이예요.

놀이하기

들어가기 전에 : 아이와 함께 크리스마스 리스에 담긴 의미를 알아봅니다.

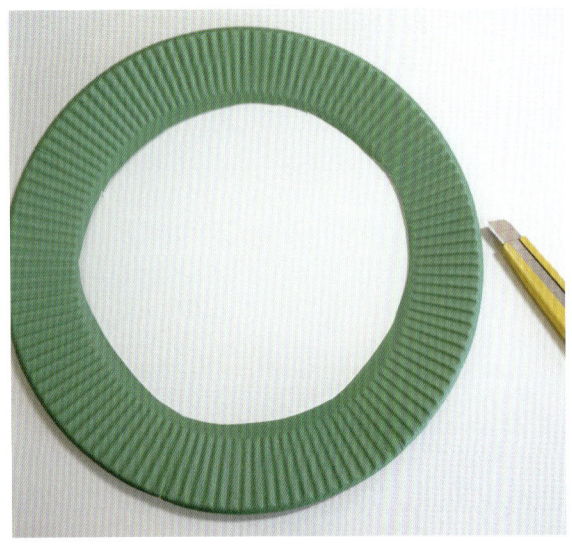

❶ 종이접시의 안쪽을 칼로 잘라 내어 준비합니다.

✪ 칼 작업은 엄마가 대신해 주세요.

❷ 별 모양 펀치를 이용하여 색지를 펀칭합니다.

❸ 종이접시에 양면테이프를 붙이고, 별 모양 색지를 붙여 꾸며 줍니다.

❹ 폼폼 등으로 꾸며 주고, 끈을 매달아 벽에 장식합니다.

응용하기

응용하면 더 재밌어요

| 크리스마스 리스 꽃잎 만들기 |

❶ 색종이를 네모로 반 접습니다.

❷ 양쪽을 세모로 올려 접습니다.

❸ 세모로 올려 접은 부분을 그림과 같이 겹쳐 풀칠하여 꽃잎을 만듭니다. 같은 방법으로 꽃잎을 8개 만듭니다.

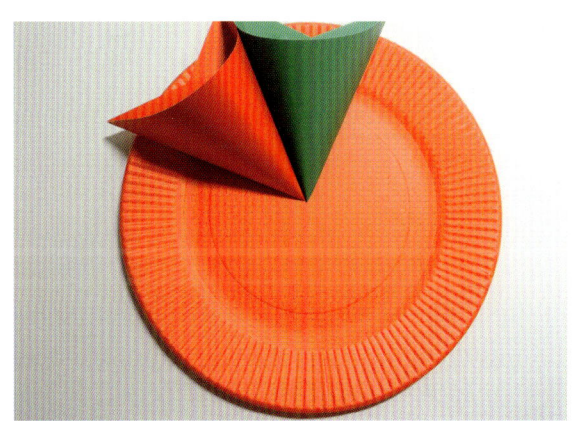

❹ 둥근 종이접시에 양면테이프를 이용하여 꽃잎을 차례로 붙여 줍니다.

❺ 가운데에 품품을 붙여 주고 종이접시에 고리를 달아 장식해 줍니다.

: 눈사람 가랜드 만들기 :

5세 이상

 **준비물**

원형 펀치(지름 76mm), 흰색 색지, 끈, 여러 가지 꾸미기 재료, 크라프트지 (또는 갈색 색지), 가위

다양한 꾸미기 재료를 이용해서 눈사람을 직접 꾸며 주고 벽에 장식을 하며 겨울 분위기를 내는 건 어떨까요.

놀이하기

놀면서 함께 배워요

: **들어가기 전에** : 눈 오는 날 밖에서 신나게 눈을 굴리며 눈사람을 직접 만들어 봅니다.

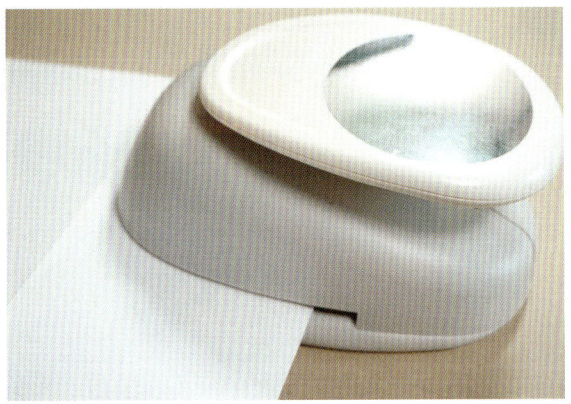

❶ 흰색 색지를 올려 접은 뒤 원형 펀치로 펀칭해 줍니다.

❷ 사진과 같이 색지 끝부분을 조금 남겨 두고 펀칭합니다.

✪ 펀치가 없다면 대신 가위로 오려 줍니다.

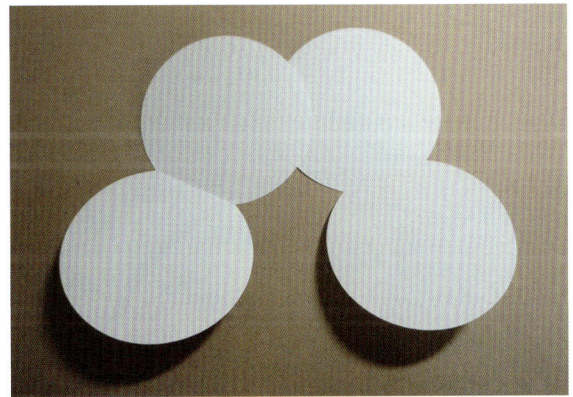

❸ 펀칭한 종이를 꺼내 펼치면 사진과 같이 눈사람 모양이 됩니다.

❹ 색종이, 스팡글, 사인펜 등 다양한 꾸미기 재료로 아이와 함께 꾸며 줍니다.

❺ 눈사람 양 끝을 일공 펀치로 펀칭해 준 뒤 끈을 끼워 벽에 장식해 줍니다.

Part 3. 즐거움과 함께 오감이 발달해요 : 미술 놀이 • **203**

응용하기

| 루돌프 크리스마스 카드 |

❶ 크라프트지 또는 갈색 색지를 원형펀치로 펀칭해 줍니다. 눈사람 만들기와 같은 방법으로 끝부분을 남겨 두고 펀칭합니다.

❷ 루돌프 뿔을 만들어 붙여 주고 얼굴, 코 등을 꾸며 줍니다. 종이 안쪽에 크리스마스 편지를 씁니다.

응용하면 더 재밌어요

| 눈사람 접기 | 재료 : 우유팩, 가위

❶ 색종이를 세모로 반 접었다 펼칩니다. 반대쪽도 같은 방법으로 접어서 표시선을 만들어 줍니다.

✪ 뒷면이 흰색인 단면 색종이를 이용하면 좋아요.

❷ 종이를 모두 펼친 뒤 끝 부분을 가운데로 접습니다.

❸ 나머지 끝 부분도 모두 가운데로 모아 접습니다 (방석 접기).

❹ 가장자리 네 군데를 안쪽으로 접습니다.

❺ 같은 방법으로 2개를 만들면 눈사람의 얼굴과 몸통이 됩니다.

❻ 다양한 꾸미기 재료로 꾸며 완성합니다.

실생활에서 쉽고 즐겁게 할 수 있는 풍선 배드민턴 놀이하기,
신문지로 꼬리잡기 놀이하기, 아이의 몸을 이용해 다리로 가위바위보,
손바닥 씨름 놀이를 통해 쑥쑥 자라날 아이들의 신체를 발달시켜 봅니다.

PART 4

함께 뛰면서 자라요
: 협동 / 신체 발달 놀이

: 아슬아슬 꼬리잡기 놀이 :

4세 이상

| 과목 | 통합교과 | 학년 | 2학년 | 단원 | 1. 알쏭달쏭 나 | 개념 | 꼬리잡기 놀이 |
| 과목 | 체육 | 학년 | 3학년 | 단원 | 3. 경쟁 활동 | 개념 | 술래를 피하여 꼬리를 지키기 |

준비물

스카프 또는 손수건

스카프로 꼬리를 만들어서 꼬리 달린 사람을 이리저리 잡으러 다니는 잡기 놀이예요. 인원이 많을수록 재미있지만, 적을 경우에는 한 사람당 꼬리를 여러 개 만들어 할 수도 있어요.

놀이하기

놀면서 함께 배워요

: **들어가기 전에** : 가족이나 친구들과 꼬리가 있는 동물 흉내 내기를 해 봅니다. 서로 번갈아가며 꼬리가 있는 동물을 흉내 내고 어떤 동물인지 맞추어 봅니다.

❶ 술래를 정하고 손수건이나 스카프를 반으로 접어서 허리 뒤에 꽂아 줍니다.

✪ 실내에서는 신문지를 길게 찢어 꼬리를 만드는 방법도 있습니다. 치마를 입었다면 주머니에 스카프를 넣어 줍니다.

❷ "시작!" 소리와 함께 술래의 꼬리를 잡습니다.

✪ 자신의 꼬리를 지키는 방법에 대해 생각해 봅니다. 등을 보이지 않도록 방향을 재빠르게 바꾸거나 등이 보이지 않는 방향으로 달립니다.

❸ 꼬리가 잡히면 술래를 바꾸어 놀이합니다.

응용하기

| 온몸으로 스카프 던지고 받기 |

스카프를 잡고 신나는 노래를 부르며 춤을 춥니다. 엄마가 "머리"라고 외치면 스카프를 최대한 위로 올리고 떨어지는 스카프를 머리로 받습니다. 이때 머리로 받은 스카프가 떨어지지 않도록 3초 이상 버텨 봅니다.

✪ 머리 이외에 어깨, 무릎, 등, 발, 엉덩이, 목 등의 신체 부위를 외쳐 줍니다.

사자와 생쥐 놀이

한 사람은 사자 역할을 하고 나머지 친구들은 생쥐 역할을 합니다. 사자가 제자리에서 눈을 감고 쿨쿨 잠든 척을 합니다. 생쥐가 사자를 툭 쳐서 깨우면 사자는 생쥐를 재빨리 잡습니다. 생쥐가 한 명 잡히면 역할을 바꾸어서 합니다.

: 차곡차곡 종이컵 쌓기 놀이 :

4세 이상

교과서 활용 단계

[과목] 통합교과　[학년] 1학년　[단원] 1. 내 이웃 이야기　[개념] 이웃과 함께하는 실내 놀이

준비물

종이컵 여러 개

알록달록 종이컵을 이용해서 할 수 있는 놀이는 정말 무궁무진합니다. 마음껏 던져도 시끄럽거나 위험하지 않아 실내에서 가지고 놀기도 좋아요. 쌓기, 쓰러뜨리기, 던져서 골인하기 등 다양한 신체 놀이에 활용해 보세요.

놀이하기

놀면서 함께 배워요

: 들어가기 전에 : 여러 개의 종이컵으로 무얼 하고 놀 수 있을지 유아와 이야기를 나누어 봅니다.

❶ 종이컵을 서로 엇갈리게 높이 쌓아 봅니다.

❷ 공주의 성, 피라미드, 이글루, 내 방, 주차장, 유치원 등 다양한 공간으로 상상하며 놀이합니다.

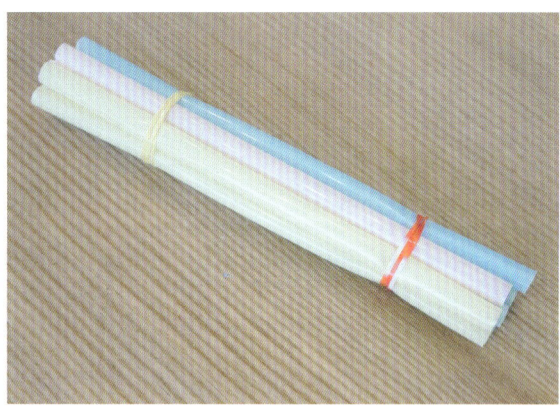

❸ 쌓아 놓은 종이컵에 빨대 다트를 던져 무너뜨려 봅니다.

✪ 빨대 다트는 여러 개의 빨대를 고무줄로 묶어 만듭니다.

❹ 종이컵-책-종이컵-책을 번갈아가며 높이 쌓아 봅니다.

❺ 책 대신 명함, 낱말카드, 종이접시 등을 이용해 쌓아 봅니다.

응용하기

응용하면 더 재밌어요

| 종이컵 징검다리 만들기 |

❶ 종이컵 4개를 사각형 모양으로 맞추어 놓습니다.

❷ 종이컵 위에 책을 올린 뒤 조심조심 책 위로 올라갑니다. 종이컵 개수를 줄이거나 늘려 봅니다. 책 위에 친구와 함께 올라갑니다. 징검다리처럼 만들어 걸어 봅니다.

✪ 네 개의 종이컵에 몸무게가 골고루 분산되기 때문에 찌그러지지 않습니다. 종이컵 한 개가 약 21kg의 무게를 지탱할 수 있어요.

| 종이컵 그림자 만들기 |

한 사람은 바닥에 눕고 다른 사람은 누운 사람 주변에 종이컵을 쌓아 봅니다. 누운 사람이 살며시 일어나면 종이컵으로 만든 재미있는 그림자가 생깁니다.

Part 4. 함께 뛰면서 자라요 : 협동 / 신체 발달 놀이 • 213

: 팡팡 풍선 배드민턴 :

4세 이상

교과서 활용 단계

| 과목 | 체육 | 학년 | 3학년 | 단원 | 5. 여가 활동 | 개념 | 가족과 함께 라켓을 사용하는 게임하기 / 창의적으로 배드민턴 라켓 만들기 |

 **준비물**

백업, 테이프, 가위, 풍선

백업은 대형 문구점에서 다양한 사이즈와 색깔로 구할 수 있어요. 촉감이 말랑말랑해서 실내외에서 마음껏 가지고 놀기 좋아요. 직접 라켓도 만들고, 신나게 풍선 놀이도 하며 스트레스를 풀어 보아요.

놀이하기

놀면서 함께 배워요

: **들어가기 전에** : 배드민턴 경기를 본 경험에 대해 아이와 이야기를 나누어 봅니다.

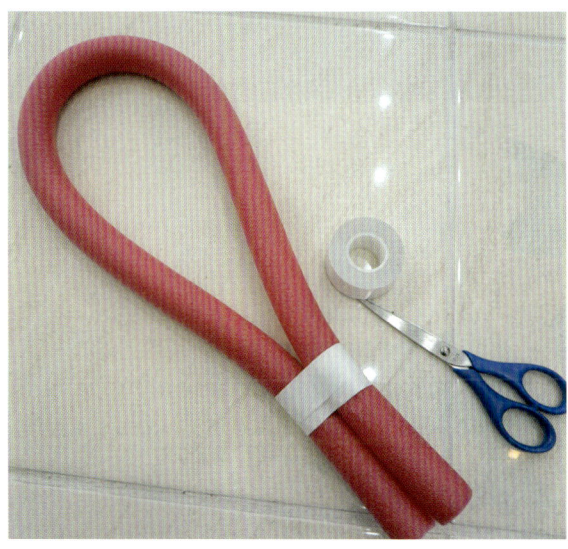

❶ 뻥업을 이용해서 라켓을 직접 만들어 봅니다. 뻥업을 둥글게 휘어 그림과 같이 라켓 모양으로 만든 뒤 손잡이 부분은 테이프로 감아 줍니다.

❷ 라켓을 이용해 풍선을 주고받으며 신체 놀이를 합니다.

❋ 풍선을 라켓의 원 모양보다 크게 불면 더 좋습니다.

❸ 라켓으로 풍선이 바닥에 떨어지지 않게 올려치기를 해 봅니다. 두 사람이 적당한 거리를 두고 떨어져서 풍선을 떨어뜨리지 않고 이어 주는 놀이도 해 봅니다.

NOTE

사진과 같이 세탁소 옷걸이를 다이아몬드 모양으로 휘어 준 뒤 스타킹을 걸어 라켓을 만드는 방법도 있어요.

Part 4. 함께 뛰면서 자라요 : 협동 / 신체 발달 놀이 • **215**

응용하기

응용하면 더 재밌어요

| 보자기로 풍선 띄우기 | 재료 : 보자기(스카프), 풍선

떨어뜨리지 않고 몇 번이나 성공할 수 있는지 도전해 봅니다. 협동심을 기르기에 좋은 놀이입니다.

❶ 여러 사람이 함께 보자기의 모서리를 잡아 줍니다.

❷ 보자기에 풍선을 올린 뒤 하늘 위로 튕겨 봅니다.

| 대롱대롱 풍선 두드리기 놀이 | 재료 : 끈, 풍선

집안의 양 벽면에 끈을 부착한 뒤 풍선을 대롱대롱 매달아 줍니다. 손이나 라켓으로 풍선을 두드리며 놀이합니다.

: 휘청휘청 손바닥 씨름 놀이 :

4세 이상

교과서 활용 단계

과목 체육 **학년** 6학년 **단원** 2. 도전 활동 **개념** 씨름으로 겨루어 보기

준비물

없음

우리나라의 민속 경기인 씨름은 몸의 균형감각과 상대방의 중심을 무너뜨리는 능력이 뛰어날수록 유리합니다. 팔씨름, 손바닥 씨름, 돼지 씨름 등 다양한 놀이를 통해 신체의 힘을 이용하는 방법을 배워요.

Part 4. 함께 뛰면서 자라요 : 협동 / 신체 발달 놀이 • **217**

놀이하기

놀면서 함께 배워요

:들어가기 전에: 가족이나 친구들과 팔씨름 대결을 펼쳐 봅니다.

❶ 매트 위에 두 명이 마주보고 가슴 높이로 양손을 올립니다.

❷ "시작" 소리와 함께 상대방의 손을 밀치면서 상대방이 균형을 잃도록 합니다.

❸ 먼저 발을 떼는 사람이 지게 됩니다.

✿ 어른과 아이가 놀이할 때에는 어른이 무릎을 꿇고 엉거주춤 앉은 자세로 할 수 있어요.

응용하기

응용하면 더 재밌어요

| 돼지 씨름하기 |

❶ 쪼그리고 앉아 오른손으로는 왼쪽 발목을, 왼손으로는 오른쪽 발목을 잡습니다.

❷ "시작" 소리와 함께 엉덩이를 이용하여 상대방을 쓰러뜨리면 이기게 됩니다.

: 실내화를 슛! 골인! :

4세 이상

교과서 활용 단계

과목 체육 **학년** 5학년 **단원** 2. 도전 활동 **개념** 던지기 놀이

준비물

실내화, 훌라후프(또는 바구니), 테이프, 신문지

발을 이용해서 실내화를 훌라후프 속으로 골인시키는 신체 놀이예요. 아이의 수준에 따라 거리를 달리하며 놀이를 즐겨 보세요. 훌라후프가 없다면 바구니나 상자를 두어도 좋아요.

놀이하기

: **들어가기 전에** : 훌라후프를 허리에 넣고 칙칙폭폭 기차 놀이를 해 봅니다.

❶ 훌라후프를 바닥에 테이프로 고정시킵니다. 이때 훌라후프를 여러 개 두고 점수 차이를 두면 더욱 재미있어요.

❷ 발에 실내화를 살짝 걸친 뒤 던져 골인시켜 봅니다.

❸ 점수판에 점수를 기록하고 누가 가장 높은 점수를 얻었는지 겨루어 봅니다.

응용하기

응용하면 더 재밌어요

| 신문지공 던지기 |

❶ 신문지를 똘똘 뭉쳐 테이프로 감아 신문지공을 만듭니다.

❷ 실내화 대신 신문지 공을 훌라후프에 골인시켜 봅니다.

| 신문지 투호 |

❶ 신문지를 돌돌 말아서 기다랗게 만듭니다.

✪ 신문지가 풀어지지 않게 단단히 말아서 테이프로 고정합니다.

❷ 돌돌만 신문지의 끝부분을 가위로 잘라 장식합니다.

✪ 생략해도 괜찮습니다.

❸ 상자나 빈 통 등에 신문지 투호를 넣어 봅니다.

✪ 돌돌 말은 신문지를 요술봉이나 검투사의 검이라고 상상하고 놀이를 이어 봅니다.

: 통통통 탁구공 놀이 :

4세 이상

교과서 활용 단계

`과목` 체육　`학년` 5학년　`단원` 2. 도전 활동　`개념` 던지기 놀이

준비물
탁구공, 우유 페트병, 바구니

탁구공은 통통 튕기면 재미있는 소리가 나서 아이들이 좋아하는 공 중 하나예요. 깨끗이 씻어 말린 우유 페트병에 탁구공을 골인시키는 신체 놀이입니다.

놀이하기

: 들어가기 전에 : 엄마가 바닥에 튕겨 주는 탁구공을 큰 바구니를 이용해서 받아 봅니다. 바구니로 공 받기에 자신감이 생기고 나면 우유 페트병에도 도전해 봅니다.

❶ 우유 페트병을 그림과 같이 손잡이 부분을 남겨 두고 잘라 줍니다.

✪ 날카로운 부분은 불에 달구거나 테이프를 붙여서 아이의 손이 베이지 않도록 합니다.

❷ 한 사람이 탁구공을 바닥에 튕겨 주면 다른 사람은 우유 페트병을 이용해 탁구공을 받아 봅니다.

❸ 서로 공을 주고받으며 놀이합니다.

응용하기

응용하면 더 재밌어요

| 떡 장수 놀이 |

한 사람은 떡장수처럼 머리 위에 바구니를 올립니다. 다른 사람이 탁구공을 튕겨서 바구니에 골인시켜 봅니다.

: 둘이서 함께 짝 스트레칭 :

4세 이상

[과목] 체육　[학년] 3학년　[단원] 1. 건강을 위해 체력을 길러요　[개념] 건강을 위해 체력 기르기

없음

스트레칭은 신체 부위를 쭉 펴거나 굽혀 몸을 유연하고 부드럽게 해 주는 체조입니다. 놀이터에서 뛰놀기 어려운 추운 겨울이나 더운 여름 집 안에서 부모님이나 친구들과 함께 스트레칭을 하며 체력을 길러 보아요.

놀이하기

놀면서 함께 배워요

: 들어가기 전에 : 스트레칭 시작 전에 무리한 반동을 주지 않고 근육을 천천히 늘리는 등 주의해야 할 점을 알려 줍니다.

❶ **둘이서 어깨를 쭉쭉** : 다리를 어깨 너비로 벌린 채 친구와 마주보고 서요. 허리를 숙여 어깨를 마주 잡고 아래로 힘을 주면서 천천히 눌러 줍니다.

❷ **손 맞잡고 팔 운동** : 친구와 서로 손을 맞잡고 다이아몬드 모양으로 벌려 주어요. 팔 운동에 도움이 됩니다.

❸ **다리를 시원하게** : 친구와 마주보고 앉아 서로 양발을 붙입니다. 손을 잡고 서로 당기기를 반복해 주어요. 다리를 서서히 벌리면서 해도 좋아요.

❹ **앞으로 숙이기** : 손을 맞잡은 상태에서 한 명씩 번갈아가며 앞으로 몸을 뻗으며 숙입니다.

❺ **산 모양 만들기** : 양손은 바닥을 짚은 채 서로 양발을 붙여 산 모양을 만듭니다. 지탱하는 시간을 늘려가며 운동합니다.

집에서 폴짝폴짝 사방치기

5세 이상

교과서 활용 단계

| 과목 | 체육 | 학년 | 4학년 | 단원 | 5. 여가 활동 | 개념 | 전통 놀이 체험하기 |
| 과목 | 수학 | 학년 | 1학년 | 단원 | 1. 9까지의 수 | 개념 | 수의 순서 |

준비물

절연 테이프(또는 마스킹 테이프), 가위, 공깃돌(또는 블록 조각)

사방치기는 바닥에 그려 놓은 여러 가지 모양의 놀이판에 망을 던져서 줍거나 발을 구르며 하는 전통 놀이예요. 집에서 절연 테이프로 놀이판을 만들어 할 수도 있어요. '망'은 공깃돌이나 블록조각 등을 활용하면 좋아요.

놀이하기

놀면서 함께 배워요

: 들어가기 전에 : 아이와 전통 놀이를 해 본 경험을 이야기해 봅니다. (예) 팽이치기, 제기차기, 씨름, 비사치기 등)

❶ 놀이매트 위나 바닥에 절연 테이프를 이용해서 사방치기 놀이판을 만듭니다.

✿ 절연 테이프는 색깔도 여러 가지이고 가격도 저렴해요. 문구점에서 쉽게 구할 수 있어요. 다만, 바닥이나 매트에 너무 장시간 붙여 놓으면 끈적거릴 수 있으니 주의하세요.

❷ 가족이나 친구들끼리 순서를 정한 뒤 사방치기 놀이 방법에 따라 놀이합니다.

✿ 매트 위에 숫자를 스티커로 붙여 주면 헷갈리지 않고 할 수 있어요.

NOTE

사방치기 놀이 방법

① 1번 칸에 망을 던지고 한발로 2, 3번 칸을 디딘 다음 4, 5번 칸에 양발을 딛습니다.
② 6번 칸은 한발로 딛고 7, 8번 칸은 양발로 딛습니다.
③ 제자리에서 뛰어 뒤로 돌아 7, 8번 칸을 양발로 딛고, 올 때와 같은 방법으로 2번 칸까지 갑니다.
④ 2번 칸에서 한 발로 선 채 1번 칸에 있는 망을 주워 놀이판에서 나옵니다.
⑤ 2번 칸에 망을 던지고 같은 방법으로 되돌아 옵니다.
⑥ 3~6번까지의 방법으로 8번 칸까지 금을 밟지 않고 성공하면 이기게 됩니다.

이런 경우에는 다음 사람으로 차례가 넘어가요.
- 망이 금에 닿은 경우
- 망이 금 밖으로 나간 경우
- 발로 금을 밟거나 나가는 경우

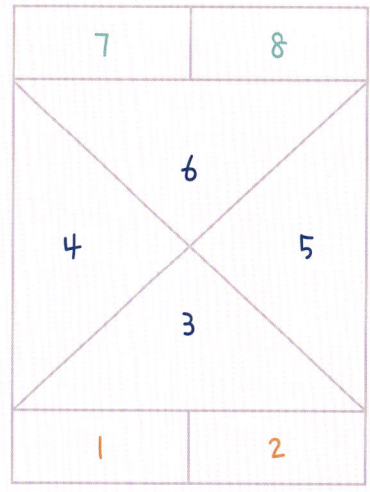

응용하기

| 조심조심 비사치기 놀이 |

비사치기는 여러 가지 방법으로 망을 던지거나 떨어뜨려 비석을 맞혀 쓰러뜨리는 전통 놀이입니다. 원래는 겨루기 형식이지만 아이들과는 다양한 방법으로 망을 맞추며 즐기는 데 초점을 두고 놀이해 봅니다.

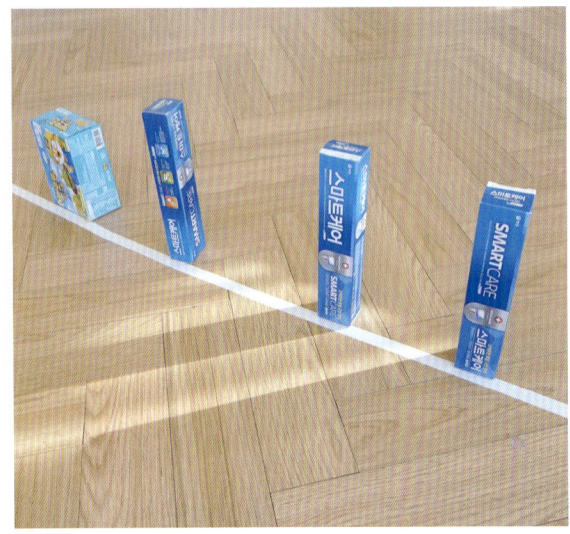

❶ 바닥에 마스킹테이프를 붙여 선을 표시한 뒤 비석을 세웁니다.

✿ 과자 상자, 우유갑, 공, 블록, 종이컵, 나무 블록, 페트병, 책 등을 망으로 활용할 수 있어요.

❷ 배 위에 망을 올려놓고 걸어가 목표지점의 비석 위에 떨어뜨려 봅니다.

❸ 어깨에 망을 올려놓고 걸어가 목표지점의 비석 위에 떨어뜨려 봅니다.

❹ 어깨, 배 이외에 신체의 어떤 부위를 이용할 수 있을지 이야기를 나누어 보고 놀이합니다.

✿ 발등 위에 망을 올리기, 겨드랑이에 망을 끼우기, 머리 위에 망을 올리기 등의 방법이 있어요.

: 연지곤지 가위바위보 :

4세 이상

 교과서 활용 단계

과목 통합교과　**학년** 1학년　**단원** 1. 내 이웃 이야기　**개념** 이웃과 함께하는 실내 놀이

 준비물

문구용 동그라미 스티커
(혹은 포스트잇)

가족들 여러 명이 가위바위보를 하여 진 사람 얼굴에 스티커를 붙여 주는 놀이예요. 가족들의 얼굴에 스티커를 하나씩 붙일 때마다 아이가 배꼽을 잡고 넘어가던 추억이 떠오릅니다.

놀이하기

놀면서 함께 배워요

: 들어가기 전에 : 문구용 동그라미 스티커로 가족 얼굴을 꾸미고 '가족'과 관련된 동요를 불러 봅니다. (예 뽀뽀뽀, 곰 세 마리, 아빠 힘내세요 등)

❶ 놀이에 사용할 스티커를 준비합니다.

❷ 가족들이 동그랗게 둘러 앉아 가위바위보를 합니다.

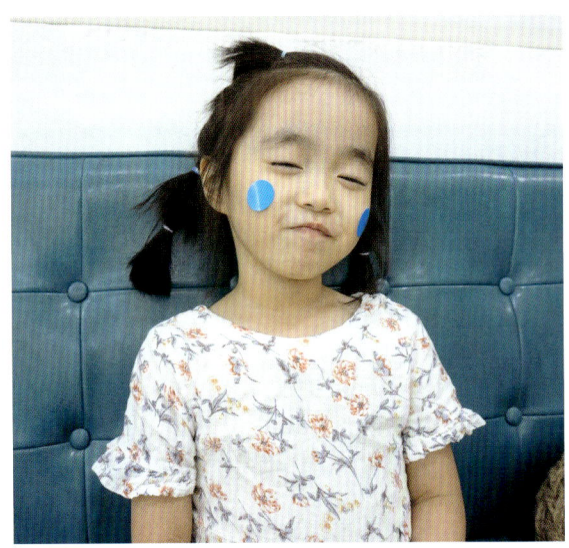

❸ 가위바위보에서 이긴 사람이 다른 가족 한 명을 선택하여 얼굴에 스티커를 붙입니다. 준비한 스티커를 모두 다 사용하면 놀이가 끝납니다. 이때 얼굴에 스티커가 가장 많이 붙어 있는 사람이 집니다.

✿ 붙인 스티커를 손을 대지 않고 떼어 내 봅니다. 얼굴 표정을 이리저리 일그러뜨리거나 엄마와 볼을 부비면서 떼어 내 보세요.

응용하기

응용하면 더 재밌어요

| 다리로 가위바위보 하기 |

손이 아닌 다리를 이용해서 가위바위보를 할 수 있어요.

❶ 가위 : 다리를 가위처럼 앞뒤로 벌려 뜁니다.

❷ 보 : 보자기처럼 다리를 양 옆으로 넓게 벌려 섭니다.

❸ 바위 : 다리를 모아 섭니다.

: 살금살금 안대 술래잡기 :

4세 이상

 교과서 활용 단계

`과목` 체육　　`학년` 3학년　　`단원` 3. 경쟁 활동　　`개념` 재빠르게 술래를 피해요

 **준비물**

안대

안대를 쓴 채 소리에 귀를 기울여 봅니다. 가족이나 친구가 흔드는 딸랑이 소리를 따라 몸을 움직이며 술래를 잡는 놀이예요. 발에 걸려 넘어질 만한 물건은 미리 치워 주세요.

놀이하기

놀면서 함께 배워요

: **들어가기 전에** : 책상 위에 물건을 몇 개 올려 두고 안대를 쓴 아이에게 어떤 물건인지 맞추어 보도록 합니다.

❶ 가위바위보로 술래를 정합니다. 술래는 안대를 씁니다.

✪ 좁은 실내에서는 안전사고 예방을 위해 뛰는 대신 빠르게 걸으며 놀이하기로 약속합니다. 혹은 가족 중 한 명이 술래의 손을 잡아 도와줍니다.

❷ 술래는 안대를 쓰고 박수 치는 소리(또는 딸랑이를 흔드는 소리)를 듣고 친구들을 잡으러 다닙니다. 잡힌 사람은 술래가 되어 계속 놀이합니다.

응용하기

응용하면 더 재밌어요

| 안대 쓰고 그린 그림 |

❶ 한 사람이 "동그라미를 그려 봐. 뾰족한 뿔을 그려 봐." 등의 말을 건네면 한 사람은 안대를 쓴 채로 그림을 그려 봅니다.

❷ 그림이 완성되면 안대를 벗고 확인해 봅니다. 역할을 바꿔서 해 봅니다.

SPECIAL 부록

아기 성장 놀이

아이의 뇌가 자리잡는
생후 3년을 위한 놀이법 모음

| 12~24개월 놀이 |
| 24~36개월 놀이 |

12~24 Month

호기심이 왕성, 움직임도 활발

첫 돌이 지나면서 아기들은 호기심이 왕성해지고 움직임도 활발해집니다. 다만 집중력이 짧아서 하나의 놀이를 진득하게 하지는 못합니다. 지나고 보면 엄마로서 체력적으로 참 많이 힘든 시기인 것 같습니다. 하지만 생활 속 물건만 가지고도 눈을 반짝이며 노는 모습이 너무 귀엽고 사랑스럽습니다. 아기가 삼킬만한 물건은 놀이 직후 바로 치우도록 합니다.

휴지심 수건 뽑기

휴지심에 가제수건을 끼워 넣고 아기에게 보여 줍니다. 아기가 직접 가제수건을 쏙쏙 뽑으며 놀이합니다. 넣었다 뺐다 놀이를 반복해 봅니다. 꺼낸 수건을 이용해서 좋아하는 장난감을 가렸다가 까꿍 놀이를 해 봅니다.

스티커 떼어내기

엄마 얼굴 곳곳에 스티커를 붙이고 아기에게 떼어 보라고 합니다. "엄마 코에 스티커가 붙었네? 예슬이가 떼 주세요."라며 말을 건넵니다. 아기의 얼굴이나 몸에도 붙이고 거울을 보여 주면 즐거워합니다.

플라스틱 용기가 와르르

주방에서 플라스틱으로 된 용기를 몇 개 꺼내 블록처럼 쌓기를 해 봅니다. 엄마가 먼저 와르르 무너뜨리는 모습을 보여 주면 즐겁게 따라합니다.

뚜껑 찾기 놀이

주방에서 뚜껑이 있는 주방 용품을 몇 개 꺼내 준비합니다. 엄마와 함께 알맞은 뚜껑을 찾고 열고 닫으며 놀이합니다.

달려라 자동차

깨끗한 종이상자의 앞부분에 구멍을 뚫어 끈을 연결해 줍니다. 박스에 아기를 천천히 태우며 집 안 물건들에게 인사해 줍니다. 박스에 인형을 태우고 스스로 끌고 다니기도 합니다.

주의 지나치게 빠른 속도로 달리면 박스가 뒤집힐 수 있어요. 아이가 중간에 일어서지 않는지 잘 살펴 주세요.

비닐팩 물감 촉감 놀이

도화지에 물감을 골고루 짠 뒤 비닐팩 속에 넣어 아기에게 보여 줍니다. 함께 손가락으로 꾹꾹 누르기, 플라스틱 포크로 긁어 보기, 두드려 보기 등을 해 봅니다. 색깔에 대해서 이야기 나누어 보고 여러 가지 물감이 섞이는 모습도 살펴봅니다. 직접 물감을 손에 묻히는 핑거페인팅을 해 주기에 부담스러울 때 간단히 할 수 있어요.

비닐팩에서 도화지를 꺼내 말립니다. 연령이 높은 유아와 말린 도화지 위에 그림을 그리거나 오려서 만들기를 하는 등 다양하게 응용할 수 있습니다.

국자로 스티로폼 공 옮기기

적당히 넓은 그릇에 스티로폼 공을 몇 개 담고 국자를 이용해서 옮겨 봅니다. 계량스푼, 뒤집개 같은 안전한 주방 도구를 몇 개 꺼내 인형이나 공룡 모형 등에게 먹이를 먹여 주는 흉내를 내 봅니다. 스티로폼 공 대신 폼폼, 탁구공, 큰 블록 조각 등으로 해도 좋아요.

채반에 면봉 넣기

구멍이 숭숭 난 채반으로 신나게 까꿍 놀이도 하고 면봉을 하나씩 쏙쏙 끼워 봅니다. 하나씩 넣을 때마다 아기의 뿌듯해하는 표정을 볼 수 있습니다.

주의 놀이 식후 면봉은 아기의 손이 닿지 않는 곳으로 치워 주세요. 귀에 깊숙이 넣으면 위험해요.

커피 상자 냠냠이

아래에 네모 구멍이 뚫린 커피믹스 상자에 적당한 크기로 눈코입을 그려 줍니다. 좋아하는 동물이나 캐릭터 이름을 부르며 먹이를 먹여 주는 흉내를 냅니다. 평소에 모아 둔 플라스틱 뚜껑이나 스티로폼 완충제(폼폼), 블록 조각 등을 활용할 수 있어요.

카드를 꿀꺽

엄마의 지갑에서 카드를 꺼내 노는 아기에게 최고의 놀이입니다. 적당한 크기의 종이상자에 칼을 이용해서 구멍을 내 줍니다. 가정에서 쓰지 않는 포인트 카드, 도서관 카드 등을 모아 아기가 구멍 속에 쏙쏙 넣어 봅니다.

포스트잇 까꿍 놀이

아기가 좋아하는 그림책의 일부분을 "없다"라고 말하며 포스트잇으로 가려 봅니다. 포스트잇을 떼어 내며 "까꿍" 하고 말해 줍니다. 스스로 이리저리 떼었다 붙였다 하며 놀이합니다.

찰박찰박 쌀 놀이

주방용품이나 소꿉놀이 도구, 물약병 등을 이용해서 쌀 놀이를 해 봅니다. 스테인리스 재질의 그릇에 쌀을 떨어뜨리면 재미있는 소리가 납니다. 놀이매트를 깔고 하면 뒷정리가 쉬워요.

나는 꼬마 화가

쓰다 남은 자투리 시트지가 있다면 끈적이는 면이 위로 오게 해서 유리창에 붙여 줍니다. 투명이어도 좋고, 불투명이라면 유리창 대신 벽면에 붙여도 상관없습니다. 수수깡 조각, 폼폼, 자투리 색종이 등을 붙이며 놀이합니다.

종이컵 까꿍

종이컵 4~5개를 엎어서 세워 두고 그중 하나에 블록 같은 장난감을 숨겨 둡니다. 종이컵을 섞은 뒤 장난감이 어디 숨었는지 찾아봅니다.

책 제목 찾기

아기가 좋아하는 책을 4~5권 바닥에 펼쳐 놓습니다. 엄마가 제목을 말해 주면 해당하는 책을 찾아봅니다. 말문이 트이지 않은 아기도 할 수 있는 놀이입니다. 평소에 책을 읽을 때 표지와 제목도 자세히 살펴보며 이야기 나누면 좋습니다.

폼폼 놀이

폼폼에 사인펜으로 색칠도 해 보고 색깔별로 머핀 틀이나 종이컵에 분류도 해 봅니다.

비닐팩 분수

비닐팩에 송곳 같은 날카로운 물건을 이용해 구멍을 몇 개 뚫어 줍니다. 물놀이를 하거나 목욕할 때 분수를 만들며 놀이합니다.

은박지 포장 풀기

아기가 좋아하는 장난감을 은박지로 몇 개 감싼 뒤 어떤 장난감일지 맞추어 보도록 합니다. 은박지 포장을 직접 풀어 보고 스스로 감싸 보기도 하며 놀이합니다. 좋아하는 간식을 은박지로 감싸 주면 포장을 풀어 보고 몹시 즐거워합니다.

시원한 아이스바 얼음 놀이

아이스바 형태의 얼음틀에 물만 부어서 얼립니다. 얼음틀을 여름에 놀이용으로 따로 준비해 두면 좋아요. 한여름 더울 때 꺼내 주면 온몸으로 만져 보기도 하고 아이스크림 가게라고 상상하며 놀이합니다. 물만 얼렸기 때문에 뒤처리도 비교적 쉬워요.

탁구공 놀이

다 쓴 각티슈 상자에 탁구공을 하나씩 넣어 봅니다. 일반 볼풀공과 달리 재미있는 소리가 나기 때문에 아기들이 더욱 좋아합니다. 숟가락 위에 탁구공을 올려 옮겨 봅니다.

엄마 아빠 신발 신기

엄마 아빠 신발 중에 굽이 낮은 것을 몇 개 골라 줍니다. 엄마도 같이 신발을 신으며 가족들에게 인사하고 외출하는 시늉을 해 봅니다.

주의 발에 걸려 넘어질 만한 물건은 미리 치우고 놀이하는 동안 넘어지지 않는지 꼭 지켜봐 주세요.

물 그림 그리기

종이를 책상에 테이프로 고정시켜 줍니다. 통에 물을 조금만 담아 붓으로 물 그림을 그려 봅니다. 목욕시킬 각오를 해야 하는 물감 놀이가 부담스러울 때 간단히 아기의 흥미를 이끌 수 있어요.

채소 목욕시키기

엄마가 요리하느라 주방에서 바쁠 때 옆에서 함께하면 좋습니다. 엄마가 먼저 당근, 애호박, 감자 등 여러 가지 채소를 깨끗이 씻어 준비합니다. 채소에 아직 흙이 묻어 있으니 함께 목욕시켜 주자고 하면 열심히 엄마를 돕습니다. 야채세척용 스펀지를 함께 주면 좋습니다.

튜브 타고 바다여행

우리 집이 바다가 되었다고 상상하며 물놀이용 튜브를 탑니다. 바다 속에 빠진 인형도 직접 구조해 주고 튜브를 끌며 놀이합니다.

과자 용기에 폼폼을 쏙쏙

깨끗이 씻어 말린 과자 용기를 눈사람 모양으로 꾸며 줍니다. 과자 용기에 폼폼을 채워 줍니다. 손을 이용해서 넣거나 개월 수에 따라 플라스틱 집게, 계량스푼 등의 도구를 이용하도록 도와주면 흥미로워합니다.

다양한 촉감 놀이를 할 수 있어요

물건을 입으로 가져가는 행동이 많이 줄어요. 소근육이 많이 발달해서 꼼지락꼼지락 손을 이용한 놀이를 좋아하기도 합니다. 쉴 새 없이 구르고, 기고, 걷고, 뛰고, 점프하며 활발히 움직이기도 해요. 기관에 다니지 않는 경우도 많아서 가정에서 어떤 놀이를 하며 하루를 보낼까 엄마의 고민이 많아지는 시기이기도 해요.

테이프 놀이

도화지에 동물 그림을 그리고 빨간 점을 몇 개 그려 아프다고 알려 줍니다. 테이프를 이용해 동물에게 밴드를 붙여 주자고 합니다. 아프지 말라고 호호 불어 주며 위로하는 모습이 귀엽습니다.

스펀지 물 옮기기

깨끗한 스펀지를 이용해서 물을 이리 저리 옮겨 봅니다. 엄마가 먼저 스펀지를 물에 적신 후 한쪽 접시에 꾹 눌러 짜는 모습을 시범으로 보여 준 뒤 따라해 보도록 합니다.

종이컵 허들 넘기

종이컵과 나무젓가락을 이용하여 간이 허들을 만듭니다. 종이컵 개수에 따라 높이가 달라지므로 아기와 함께 높이를 조절해 봅니다. 폴짝폴짝 장애물을 넘으며 신체 놀이를 해 봅니다.

완두콩 꼬투리 까기

4~6월 즈음이면 마트나 시장에서 완두콩을 쉽게 볼 수 있어요. 깨끗이 씻은 완두콩, 물, 소금 한 스푼을 냄비에 넣고 7~8분간 삶아 줍니다. 삶은 완두콩은 꼬투리가 부드럽게 벗겨집니다.

궁금이 상자 속에 무엇이 들었을까?

깨끗한 상자의 가운데에 구멍을 뚫습니다. 혹은 바구니에 손수건을 덮어 준비합니다. 상자 속에 집안의 다양한 물건들을 넣어 두고 아기에게 손을 넣어 맞추어 보도록 합니다. 물건들 사이에 간식을 한두 개 넣어 두면 재밌습니다.

하늘에 둥둥 공 띄우기

드라이기를 바구니 같은 곳에 고정시킨 후 작동시킵니다. 스티로폼 공이나 탁구공을 드라이기 위에 올려 놓으면 공이 하늘로 둥둥 뜨게 됩니다.
주의 드라이기의 뜨거운 바람은 화상의 위험이 있으니 찬바람으로 작동해 주세요.

집게 놀이

재활용 용기를 빨래집게로 찝어 봅니다. 개월 수에 따라 크기가 작은 집게에도 도전해 봅니다. 놀이가 끝나면 빨래집게를 용기 속에 넣고 뚜껑을 닫아 보관했다가 심심할 때 꺼내 놀이합니다.

쪼르륵 물 따르기

두 종류의 컵을 준비하고 쪼르르 물 따르기 연습을 해 봅니다. 물을 흘리더라도 격려해 주면 집중해서 즐겁게 놀이합니다. 수건을 미리 준비해 두었다가 흘린 물을 닦는 과정도 함께 해 봅니다.

색종이 찢어 붙이기

수수깡 머리 꾸미기

도화지에 동그라미 세모 네모 모양을 색연필로 그려 줍니다. 자투리 색종이를 찢어 붙여 봅니다. 풀을 처음 접해 본다면 신문지나 광고 전단지를 찢어 자유롭게 붙이는 것만으로도 즐거운 놀이가 됩니다.

도화지에 엄마가 사람 얼굴을 큼직하게 그려 줍니다. 머리 위쪽에 양면테이프를 붙여 줍니다. 양면테이프의 겉면을 아기와 함께 벗겨 줍니다. 수수깡을 함께 똑똑 부러뜨린 후 사람 머리를 꾸며 줍니다.

tip 머리 꾸미기 이외에 물고기 비늘, 사자 갈기, 하늘에서 내리는 비, 꽃잎 등으로 표현할 수 있어요.

우유팩 낚시 놀이

두근두근 숫자 뽑기

깨끗이 씻어 말린 우유팩에 유성사인펜으로 동물을 그려 주고 클립을 끼워 줍니다. 실로 나무젓가락과 자석을 연결하여 낚싯대를 만듭니다. 우유팩을 물에 동동 띄워 낚시를 해 봅니다.

하드스틱의 아랫부분에 숫자를 써 줍니다. 기다란 통에 담아 신나게 흔들며 섞습니다. 엄마와 번갈아가며 숫자를 뽑고 읽어 봅니다.

tip 유아의 연령에 따라 다양하게 응용합니다.
- 누가 더 큰 수(작은 수)를 뽑나 겨루기
- 뽑기에서 나온 숫자만큼 뽀뽀해 주기
- 뽑기에서 나온 숫자만큼 장난감 자동차 가져오기

커피가루 비밀 그림 그리기

도화지에 물풀로 그림을 그린 후 커피가루(커피찌꺼기)를 솔솔 뿌려 봅니다. 도화지를 털어 내면 물풀로 그린 그림이 나타납니다. 같은 방법으로 검은 도화지에 밀가루를 이용해 놀이할 수 있어요. 딱풀보다는 물풀이 더 잘 달라붙어요.

싸인펜 번지기

물티슈에 (수성)사인펜으로 점을 찍거나 선을 그어 봅니다. 물약 병이나 분무기로 물을 뿌리며 색이 번지는 것을 관찰해 봅니다.

분무기를 칙칙

아기와 산책길에 나무나 꽃들에게 인사하며 분무기로 물을 줍니다. 분무기는 아기도 할 수 있을 만큼 크기가 작고 손잡이 부분에 힘이 덜 들어가는 것이 좋아요.

냄비 뚜껑 그리기

부엌에서 다양한 냄비 뚜껑을 꺼내서 크기를 비교해 봅니다. 종이 위에 뚜껑을 올려놓고 모양대로 따라 그려 봅니다.

엄마표
교과 놀이

1판 1쇄 발행 2018년 6월 30일

저 자 | 이영미
발행인 | 김길수
발행처 | 영진닷컴
주 소 | (우)08505 서울시 금천구 가산디지털2로 123
월드메르디앙 벤처센터 2차 10층 1016호
등 록 | 2007. 4. 27. 제16-4189호

ⓒ2018. (주)영진닷컴
ISBN | 978-89-314-5794-0

이 책에 실린 내용의 무단 전재 및 무단 복제를 금합니다.
파본이나 잘못된 도서는 구입하신 곳에서 교환해 드립니다.

YoungJin.com Y.
영진닷컴